国家精品在线开放课程推荐教材
湖南省一流本科课程推荐教材

创新创业基础 上

CHUANGXIN CHUANGYE JICHU

主　编　祝海波
副主编　陈洪华　罗　匡　王德明
　　　　王　贲　杨　净

重庆大学出版社

图书在版编目（CIP）数据

创新创业基础. 上 / 祝海波主编. -- 重庆：重庆
大学出版社，2023.4
ISBN 978-7-5689-3658-3

Ⅰ. ①创… Ⅱ. ①祝… Ⅲ. ①大学生—创业 Ⅳ.
①G647.38

中国版本图书馆 CIP 数据核字（2022）第 233619 号

创新创业基础（上）

主　编　祝海波

副主编　陈洪华　罗　匡　王德明

王　贲　杨　净

策划编辑：顾丽萍

责任编辑：杨育彪　　版式设计：顾丽萍

责任校对：谢　芳　　责任印制：张　策

*

重庆大学出版社出版发行

出版人：饶帮华

社址：重庆市沙坪坝区大学城西路 21 号

邮编：401331

电话：（023）88617190　88617185（中小学）

传真：（023）88617186　88617166

网址：http://www.cqup.com.cn

邮箱：fxk@ cqup.com.cn（营销中心）

全国新华书店经销

重庆长虹印务有限公司印刷

*

开本：787mm×1092mm　1/16　印张：11　字数：277 千

2023 年 4 月第 1 版　　2023 年 4 月第 1 次印刷

印数：1—8 000

ISBN 978-7-5689-3658-3　定价：39.00 元

前言 *Preface*

为了深入贯彻《国家中长期教育改革和发展规划纲要(2010—2020 年)》《教育部关于全面提高高等教育质量的若干意见》《普通本科学校创业教育教学基本要求(试行)》等文件精神,推动高等学校创新创业教育发展,适应当前我国经济社会发展对高等教育的客观要求,创新创业课程作为本科生在校教育的必需课程,到目前为止已经施行了近十年。也正因为如此,市面上此类教材层出不穷,但本书无论在内容上,还是编写体例上,抑或在使用上都突破了原有教材的模式和框架。为了便于读者方便、清晰地阅读本书,现就本书特色和使用做简要说明。

一、本书结构

全书分为创新篇和创业篇,第 1—4 章为创新篇,讲授创新学基础理论,第 5—10 章为创业篇,讲授创业学基础理论。

第 1 章,创新、创意与创造。通过本章的学习,学生应了解创新、创意与创造的内涵以及彼此之间的关系,深刻理解创新精神的意义和价值,了解创新教育的本质。

第 2 章,创新思维。通过本章的学习,学生应了解创新思维的内涵、障碍、在商业应用中的重要性,掌握创新思维设计技巧。

第 3 章,设计思维。通过本章的学习,学生应了解设计思维在商业创新应用中的重要性、设计流程,掌握设计消费者画像、客户体验地图、设计创意和设计启示的运用场景和技巧。

第 4 章,TRIZ 理论。通过本章的学习,学生应了解 TRIZ 理论的框架和内容,基本掌握 TRIZ 基本工具、分析工具以及解题模型的运用场景和技巧。

第 5 章,创业、创业者与创业精神。通过本章的学习,学生应了解创业、创业者和创业精神的内涵,深刻理解创业精神的意义和价值以及创业教育的本质。

第 6 章,创业团队。通过本章的学习,学生应了解创业团队的重要性、有效性以及基本要素,掌握创业团队管理与优化的基本策略与技巧。

第 7 章,创业机会。通过本章的学习,学生应了解创业机会的内涵、机会识别要素、创业风险规避方法,掌握创业机会识别、创业机会评价的方法与技巧。

第 8 章,商业模式。通过本章的学习,学生应了解商业模式在创业中的重要性与设计流程,掌握商业模式的内涵、设计策略与技巧。

第 9 章,创业资源。通过本章的学习,学生应了解创业资源类型、资源差异性,掌握不同创业阶段资源的获取技巧、创业融资的策略和渠道。

第 10 章,创业计划书。通过本章的学习,学生应了解创业计划书的作用、阅读对象,掌握创业计划书的主要内容、基本结构、撰写和展示技巧。

二、本书创新与特色

1. 本书克服了市面上多数教材侧重创业学基础,忽略创新学基础的不足,是一本将创新学基础和创业学基础有机融合在一起的教材,重视以创新促进创业、专(业教育)创(业教育)融合的创新创业教育实现路径。

2. 本书采取问答的方式,内容深入浅出,将晦涩难懂的内容和知识点用平实的语言和生活化的案例娓娓道来,不高谈阔论,易读易懂为本书一大特色。

3. 本书专门配备了辅导教材,辅导教材主要是案例研究、知识拓展,可以帮助学生理解和掌握相关知识点,还可以拓展视野。

4. 本书案例除加深每个知识点的小案例外,还做到了每个主题一个小综合案例,每一章有一覆盖整章知识点的大综合案例,案例强调新颖性、时效性和典型性。

三、使用说明

1. 本书适合作为本科学生学习创新创业基础知识的基础教材,覆盖了所有学生所需学习的知识点,知识拓展和案例研究可以帮助学生加深理解和掌握,延伸阅读还可拓宽学生的视野。

2. 辅导教材除知识拓展外,还有案例研究,指导学生开展创新创业训练的方案和游戏,适合作为教师编写教案的配套教材,还提供了指导建议。

3. 本书采取问答方式,可以依问索答,适合作为想创业或创业者查阅相关问题的工具书。

编　者
2022 年 6 月于长沙

目 录 *Contents*

第 8 章　商业模式

第 9 章　创业资源

创新篇

第1章 创新、创意与创造

人类社会处处是创造之地，天天是创造之时，人人是创造之人。

——陶行知

学习目的

通过本章的学习，学生应达到如下要求：
1. 了解创新的重要意义，理解创新内涵；
2. 了解创新的基本模式、基本类型及主要来源；
3. 理解创意的概念与目的、产生过程和开发方法；
4. 理解创造与创新的区别、创造力的来源及培养技巧。

导入案例

无人机在冬奥会上展现中国浪漫

2022年2月4日晚，万众瞩目的2022年北京冬季奥林匹克运动会在北京震撼开幕，精彩绝伦的开幕式再次展现了中华民族的想象力和创造力。

据了解，无人机编队表演流程一般包括创意设计、编舞软件制作、软件模拟、导入飞行设备、实地飞行测试等环节。北京冬奥会开幕式无人机表演由深圳高巨创新公司提供，此次冬奥会采用了比以往难度更大的连续3D动态表演。

相较于平面图案而言，3D动态飞行其实更加困难。北京冬奥会飞行表演的图案虽然不多，但仔细观察能够发现，小到一片"雪花"都是3D立体的效果。画面整体构图唯美精致，在夜空中宛若无数舞动的"小精灵"。

"此次冬奥会无人机表演，采用的是高巨创新最新款的EMO编队无人机"。高巨创新公司总经理李晨亮介绍，这款无人机配备了全色彩的LED灯组，可在0～22 W内根据环境温度自动调节灯光亮度。此外，还提供了两种不同规格的灯罩，增加LED灯的显示面积，提高灯光亮度，根据不同舞步变换所需的颜色，全面提升表演质感。

2021年7月，高巨创新公司用2 021架EMO编队无人机完美组成"光辉杰作"，并在当日登上《新闻联播》和微博热搜第三名，再次刷屏社交圈。

北京冬奥会上这场"中国式浪漫"，诠释了我们的文化自信、科技自信，再次见证了奥林匹克精神与中国元素的契合。

（资料来源：鲁媛媛. 深圳"下雪了"！探秘2 022架无人机如何让深圳飘雪［N/OL］.
（2022-02-08）［2022-03-21］. 凤凰网.）

主题1　创新内涵

一、创新对人类进程产生了什么样的影响?

人类发展史就是一部创新史。人类不断增强的环境适应能力和探索创新精神,是其区别于其他物种的根本特征,也是其稳坐地球主人之位的根本原因。

人类文明以文字的发明、青铜器的使用和城郭的出现为标志,而文字、青铜器与城郭无疑是人类最伟大的创新。

创新是一种思想、一种哲学思考、一种观念、一种思维,或是一项发明,抑或是一项技术、一项运动……

14世纪的文艺复兴开启了新思维的解放。

15世纪的大航海拓展了人类文明的疆域。

16世纪启动的科学革命奠定了技术革命的基础。

17世纪初资本市场的出现延伸了社会金融活动的空间。

18世纪开始的工业革命推动了经济的飞速增长。

19世纪的电力技术革命将人类社会带入了电气时代。

20世纪那场涉及诸多领域的信息控制技术革命则让人类进入科技时代。

21世纪以人工智能、清洁能源、机器人技术、量子信息技术、虚拟现实以及生物技术的全新技术革命为开端,继续着人类主宰世界的神话……

不难发现,每次工业革命都是在某种重大技术创新下引发的,工业革命产生的基础是科技革命。每次重大科技革命不仅推动了产业革命,也极大地推动了人类社会经济、政治、文化领域的变革,而且影响了人类的生活方式和思维方式。

实践表明,真正的核心技术是买不来的。中国发展核武器、氢弹等尖端武器,一开始得到苏联的技术支持,后来中苏关系破裂,苏联撤走了在中国的所有专家。中国不得不自己探索,最后依靠钱三强、钱学森、王淦昌、邓稼先、于敏等科学家的不懈努力,掌握了"两弹一星"的尖端技术。

☆创新聚焦1-1　中国"新四大发明"正改变世界

中国制造和设计的创意发明正塑造着全世界在数字化领域的进步。与中国古代的四大发明一样,中国最近的"新四大发明"也具有3个基本特征:中国制造和设计、丰富日常生活、推动全球进步。

新四大发明之首:高铁。高速铁路在不同国家、不同时代有不同的规定。中国国家铁路局的定义为:新建设计开行250千米/小时(含预留)及以上动车组列车,初期运营速度不小于200千米/小时的客运专线铁路。特点:新建的,时速不低于250千米及客专性。区别:欧洲早期组织即国际铁路联盟1962年把旧线改造时速达200千米,新建时速为250～300千米的定为高铁;1985年日内瓦协议做出新规定:新建客货共线型高铁时速为250千米以上,新建客运专线型高铁时速为 350 千米以上。中国分高速铁路—快速铁路—普通铁路三级,高铁级高于国铁Ⅰ级,用于快铁和骨干普铁。中国高速铁路一般采用无砟轨道和高速动车组(G 字头列车),起初 CRH2C,CRH380 系列专用于高铁。

新四大发明之二:Wi-Fi 万能钥匙。这是将共享经济带入全世界上网领域的平台。在中国,该平台已成为日常生活中连接 Wi-Fi 的同义词。通过提供更便捷的免费上网方式,Wi-Fi 万能钥匙已为整个互联网产业增加了新的吸引用户的能力。至关重要的是,Wi-Fi 万能钥匙的引入已使许多人首次上网并使人们增加了上网时长,从而为互联网创造新的商业价值。

新四大发明之三:共享单车。具有革命性的无桩式自行车共享模式,为可持续发展的交通翻开新篇章。中国已成为世界上最大的交通共享市场,占全球市场 67% 的份额。包括美国和新加坡在内的世界各国政府都在欢迎摩拜单车和 ofo 等中国初创企业在其国内城市开展此类业务。

新四大发明之四:扫码支付。互联网企业推出的移动二维码支付是来自中国的一种具有原创性的无现金支付解决方案。信用卡在美国历经几十年才成为主流,但移动二维码支付方式仅用几年时间就成为中国的支付规范。2016 年,中国的移动支付市场规模已接近美国市场的 50 倍。随着庞大的支付宝用户群赴世界各地旅游,这种服务已走出国门并扩展至世界。

中国的创意发明正在改变世界。尽管西方人或许由于缺乏了解而普遍看不起中国的商业发展,但如今来自中国移动时代的创意发明已证明中国是不可忽视的、强大的全球游戏改变者。

(资料来源:丁雨晴,译. 不可忽视! 中国"新四大发明"正改变世界[N].
(2018-01-03)[2021-06-30]. 人民网-环球时报.)

二、什么是创新?

"创新"之义最早见于我国《魏书》,主要是指改革制度。在我国著名的辞书《辞海》中,"创"是"首创、创始"之义;"新"是"初次出现"。

"创新理论之父"熊彼特从经济发展视角提出,所谓创新,就是建立一种新的函数,把一种从来没有过的关于生产要素和生产条件的组合引入生产系统。

著名管理学家彼得·德鲁克在《创新与企业家精神》一书中指出,创新是一项"有组织、有系统且富有理性的工作;创新是企业家展现其创业精神的特定工具,是赋予资源一种新的能力使之成为创造财富的活动,创新本身就创造了资源"。

联合国经合组织(OECD)在 2000 年发布的《学习型经济中的城市与区域发展》报告中提出,创新的含义比发明创造更为深刻,它必须考虑在经济上的运用,实现其潜在的经济价值。只有当发明创造引入到经济领域,它才成为创新。

2004 年,美国国家竞争力委员会向政府提交的《创新美国》计划中提出,创新是把感悟和技术转化为能够创造新的市值驱动经济增长和提高生活标准的新的产品、新的过程与方法和新的服务。

从上面的各种定义可以看出,创新至少包含 3 层含义:一是抛开旧的、创造新的;二是在

现有的基础上改进更新;三是指创造性、新意。

本书认为,创新就是不断改变,在生活和工作中可以持续拥有并产生价值的活动。

三、创新和高科技有何关联?

微软、腾讯、华为、苹果……风头正劲的高科技企业,比尔·盖茨、乔布斯、扎克伯格、任正非、李彦宏等人用高科技改变了世界。科技创新成为创新的主力军,而且是最有显示度的主力军,他们创造的新产品、新技术让人无法拒绝,他们创造的财富也是炫目的。

显然,高科技等于创新。是不是只有高科技才可以创新? 答案是否定的,传统行业一样可以创新,文化创意也一样可以创新。

前面提到的中国"新四大发明",每一个都开创了新行业! 尤其值得一提的是共享单车,这是大学生创新创业作品,第一届中国"互联网+"创新创业大赛金奖作品。这是一个非常伟大的作品或者说项目,因为它拯救了一个行业——自行车行业。这也是创新,而且是非常伟大的创新,但它却没有多少技术含量,只不过在商业模式上进行了大胆创新。

再说,创新也与行业无关。任何行业都可以创新。麦当劳身处最古老的食品行业,不就是把传统做汉堡包这件事用标准化流程进行了创新吗? 在湖南有辣汉堡,在广东有海鲜馅汉堡……所以它可屹立不倒。

四、创新与创业有何关系?

创业,是指通过发现和捕捉创新机遇,创造新颖的产品或服务,通过市场创建企业或产业,从而实现经济或社会价值的运作过程。

创业在本质上是一种创新活动,创业过程本身就是创新过程。创业是主体的一种能动性、开创性的实践活动,是一种高度自主的行为,在创业活动过程中,主体的主观能动性将会得到充分的发挥和张扬,这种主观能动性充分体现了创业的创新性特征。

新事物、新内容、新功能、新领域、新价值都是创业的来源,是创新活动的成果及其收获,创新的成效也只有通过创业实践来检验。

因此,创业是创新的载体和表现形式。创新推动创业,创业依靠创新。创新的价值在于创业。从一定程度上讲,创新的价值就在于将潜在的知识、技术和市场机会转化为现实生产力,实现财富的增长,而实现这种转化的根本途径就是创业。

例如可口可乐公司,其产品主要就是一款经典可乐,在产品上的创新,并不是体现在产品本身,而是体现在产品的外包装和广告上,可口可乐的广告和包装一直是年轻人追捧的潮流,可以说可口可乐公司一直在思考如何创新才能符合潮流或者引领潮流。

☆创新案例 1-1:小小创新带来的大大收益

1987 年,美国两个邮递员科尔曼和施洛特无意中看到一个小孩拿着一种发亮光的荧光棒,两个人随手把棒棒糖放在荧光棒顶端。结果,光线穿过半透明的糖果显现出一种奇幻的效果。这一小小的发现让两人惊喜不已,他们为此申请了发光棒棒糖专利,还把专利卖给了开普糖果公司。

两名邮递员继续想:棒棒糖舔起来很费劲,是否能加上一个能自动旋转的小马达? 由电池对它进行驱动,这样既省力又好玩。这种想法很快付诸实施,旋转棒棒糖很快投入市场,并且获得了巨大的成功。在最初的 6 年里,这种售价 2.99 美元的小商品一共卖出了 6 000万个!

开普糖果公司负责人奥舍在一家超市里看到了电动牙刷,虽有许多品牌,但价格都高达50 多美元,因此销售量很小。奥舍灵机一动:可以尝试采用旋转棒棒糖技术,以 5 美元的成本来制造一支电动牙刷。奥舍与科尔曼、施洛特着手进行技术移植,很快,美国市场上最畅销的旋转牙刷诞生了,它比传统牙刷更好卖。在 2000 年,3 个人组建的小公司卖出了 1 000万支牙刷!

相比之下,宝洁公司的电动牙刷成本太高,几乎没有市场竞争力。于是,2001 年 1 月,宝洁收购了这家小公司,预付首款 1.65 亿美元。经过一年多,宝洁公司发现电动牙刷很好卖,便提前结束与奥舍、科尔曼、施洛特 3 人的合同,并借助一家国际超市公司,在全球 35 个国家进行销售。因为按这种趋势,宝洁公司在 3 年合同期满后付给奥舍 3 人的钱要远远超出预期。最后经过协商,合同提前终止,奥舍、科尔曼、施洛特一次性拿到了 3.1 亿美元,加上原来 1.65 亿美元的预付款,共获得了 4.75 亿美元。奥舍、科尔曼、施洛特凭借小小的创新赚取了 4.75 亿美元。

(资料来源:高兴宇.怎样才能小赚 4.75 亿美元[J].青年博览,2006(8):40.)

主题 2　创新模式与类型

一、创新有哪些模式?

(一)原始创新

原始创新是指前所未有的重大科学发现、技术发明、原理性主导技术等创新成果。原始性创新意味着在研究开发方面,特别是在基础研究和高技术研究领域取得独有的发现或发明。原始创新具有首创性、突破性和带动性三大特性。科技发达国家依靠其强大的原始创新能力不断努力开拓新的产业方向或领域。一方面,一个新的产业方向或领域在初期形成阶段正是垄断利润最高的时期;另一方面,新兴产业的兴起往往带动一批相关产业的发展,形成一个新的庞大的产业生态系统,其联动作用对促进经济社会发展具有重要意义。

(二)模仿创新

模仿创新即通过模仿而进行的创新活动,一般包括完全模仿创新、模仿后再创新两种模式。模仿创新优势在于可节约大量研发及市场培育方面的费用,降低投资风险,也回避了市场成长初期的不稳定性,降低了市场开发的风险。可以说,任何创新都是对传统的模仿和改良。在商业领域,我们所熟知的很多成功的企业大多不是第一个进入该领域的企业:平板电脑是 IBM 先研发出来的而不是乔布斯,蒸汽机在瓦特之前就已经存在,MP3 是韩国三星发明的,微软没有一样东西是原创的,Windows Office 都是改良的。而如果不查资料,我们很容易认为这些都是他们的原创,而真正的原创者却几乎都销声匿迹了,只存在于钻研历史的小部分人的脑海里。沃尔玛的创始人山姆·沃尔顿说:"我做的事多半都是模仿别人。"从零开始的创新已经成为不可能,从零开始做一样全新的产品不仅意味着巨大的投入浪费,而且很可能你根本就做不出来。《金融时报》的经济学专栏作家蒂姆·哈福德在他的《适应性创新》中提道:"从零开始制作一台有400多个零件的多士炉,需要花费一辈子的时间。"作为企业,首先要先学习模仿,站在巨人的肩膀上,快速复制老套而成熟的管理或生产经验,在这个基础上针对市场去改良,从而做出更具价值的产品,这就是伟大的创新。

(三)自主创新

自主创新是指通过拥有自主知识产权的独特的核心技术以及在此基础上实现新产品的价值的过程。自主创新从内容上包括三方面的含义:一是原始性创新,即通过科研和开发,努力获得更多科学发现与技术发明;二是集成创新,即通过各种相关技术成果融合汇聚,形成具有市场竞争力的产品和产业;三是引进技术消化、吸收和再创新,在积极引进国外先进技术与设备的基础上,进行充分的消化吸收和再创新。

(四)开放式创新

开放式创新是将企业传统封闭式的创新模式开放,引入外部的创新能力。在开放式创新下,企业在期望发展技术和产品时,能够也应该像使用内部研究能力一样借用外部的研究能力,能够也应该使用自身渠道和外部渠道来共同拓展市场的创新方式。"开放式创新"正在逐渐成为企业创新的主导模式。开放式创新认为,企业应把外部创意和外部市场化渠道的作用上升到和封闭式创新模式下的内部创意以及内部市场化渠道同样重要的地位,均衡协调内部和外部的资源进行创新,不仅仅把创新的目标寄托在传统的产品经营上,还积极寻找外部的合资、技术特许、委外研究、技术合伙、战略联盟或者风险投资等合适的商业模式来尽快地把创新思想变为现实产品与利润。

(五)颠覆式创新

颠覆式创新就是利用高效率来整合低效率,对传统产业核心要素的再分配,也是生产关系的重构,并以此来提升整体系统效率。互联网行业这种颠覆更加明显,原来的杀毒软件瑞星、金山、卡巴斯基等都是按年收费的,但突然杀出个360来,杀毒软件、安全卫士都免费了,这样一来所有的杀毒软件厂商傻眼了,你不免费,慢慢地市场份额就没有了,免费是找死,不免费是等死,只能跟进,免费。360卫士和其杀毒软件一统江湖,再也没有杀毒软件能跟它竞争了,360是靠着免费而获得大量用户,而这些用户就是盈利的资源,比如流量广告从赚用户的钱到赚广告费,这就是颠覆式创新。

(六)反向创新

反向创新是指一种与"全球化"加"本土化"相反的商业和创新模式。"反向创新"模式是企业将研发重点放在中国等发展中国家,并利用其在全球的丰富资源和经验为当地市场需求研发产品、服务和技术。相关技术和产品在当地市场成熟并获得成功后,反向推广到国际市场和发达国家市场。"反向创新"这个概念最先由通用电气(GE)公司总裁兼首席执行官杰夫·伊梅尔特和几位学者在研究中提出。2009年伊梅尔特与其他几位专家在《哈佛商业评论》上发表了文章《反向创新:通用电气的自我颠覆》引起业界巨大反响,被认为是继"全球本土化"之后,跨国企业经营最成功的创新模式。"反向创新"既是当今企业界日益流行的一个新概念,更是时下跨国企业发展的一种新趋势,目前已成为跨国企业继"全球化"和"本土化"之后全球战略的一种新思路。尽管"全球化"加"本土化"的运营战略目前仍是跨国企业的主导商业模式,但"反向创新"已成为跨国企业全球发展战略的新趋势。

二、创新有哪些类型?

创新主要有产品创新、工艺(流程)创新、服务创新、商业模式创新4种类型。

产品创新是指提出一种能够满足客户需要或解决顾客问题的新产品。成功的产品创新必须在外观、质量、安全性能以及服务等方面不断改进。Pringles 洋芋片就是宝洁公司发掘顾客需求并加以满足的典型范例。当时美国依传统方式生产的洋芋片易脆,无法运到超过两百英里(1英里约等于1.6千米)的地方,上架时间仅能维持约两个月。宝洁公司不按传统方式制造洋芋片,其工程师发展出一种类似制纸的方法。它们将马铃薯脱水、碾碎后再将它们压制成合适的形状,可以在仿造网球瓶的容器中紧密地排列。因此,Pringles 洋芋片可以维持形状完整并在架子上存放超过一年。

工艺(流程)创新是指生产传输某种产品或服务的新方式。工艺(流程)创新包括采用新工艺、新方式,整合新的制造方法和技术等。例如,在生产洗衣机时采用了新钢板材料,把生产洗衣机的生产线设备从传统机床更换为数控机床,从而降低50%成本,或提高3倍以上的生产效率。

服务创新是指通过提高服务质量和创造新的价值而进行服务要素、服务系统改变。服务创新包括服务产品创新(如小米公司推出"小米漫游")、服务流程创新、服务管理创新(如海底捞火锅对员工独特的管理创新)、服务技术创新(如支付宝推出的"刷脸支付")、服务模式创新(如针对传统的洗车店洗车推出O2O上门洗车服务)等。

商业模式创新是指对目前行业内通用的为顾客创造价值的方式提出改变。比如,与传统书店相比,Amazon 和当当网就是一种商业模式创新。具体商业模式及其创新相关内容可阅读本书第8章。

三、创新有哪些来源?

一是科学技术。科学技术的发展,特别是信息技术、生物技术、材料科学与技术等高新技术方面的发展与普及,比如在1952年奥地利发明了顶吹纯氧转炉炼钢技术。正在大规模扩张钢铁生产能力的日本于1955年只花了126万美元就引进了该项技术,结果跳过了平炉技术,在新建炼钢能力中普遍采用了新技术,使总炼钢量的75%以上应用了顶吹氧技术。同时期,美国钢铁生产能力已经饱和,受已投资建成的巨大资产沉淀的拖累,长期不能更新平炉、采用新技术,结果导致其竞争力下降、产业衰落,被后起的日本超过。

二是市场和生产的需求。对于许多企业来说,可通过分析顾客提问和投诉,发现能更好解决消费者问题的新产品;企业工程师或销售人员可以与顾客见面听取建议进行产品创新。企业可以从观察和聆听顾客的过程中学到许多东西。比如宝洁公司有一年的特殊贡献奖授予了一个简单的建议,一个员工根据顾客抱怨"牙膏太难挤"提出将牙膏管口扩大一定比例,使得公司牙膏销量大增。

三是日常生活的变化。面对人们习以为常、熟视无睹的事物和现象，并非人云亦云，而是要多问几个为什么，恰恰这样正意味着创新和创造活动的开端。美国佛罗里达州的画家律普曼过着贫寒的生活，画具很少，修改用的橡皮只有一小块。一天作画时，不小心出了个失误，须用橡皮把它擦掉，找了好久他才找到橡皮，但等到擦完想继续作画时又找不到铅笔了。他发现橡皮和铅笔都有缺点，于是产生了拥有一支既能作画又带有橡皮的铅笔的想法。最终，他终于找到了满意的方法，即用一块薄铁皮，将橡皮和铅笔连接在一起。后来，律普曼借钱办理了专利申请手续，并最终由 PABAR 铅笔公司购买了这项专利，价钱是 55 万美元。这是日常生活中发现问题并解决问题的一个典型例子。

四是发生反常事件。由于事物的普遍联系和变化发展，致使某些规律和本质忽隐忽现地发生作用，因此会出现与平常事物不一样甚至怪异的东西。"在反常的事物后面，往往掩藏着新发现。"在这些怪异现象出现时，应保持高度的敏感性，"见怪则怪"是所有发现者的一条重要思路，也是创新者应有的基本意识素质。例如，培养葡萄球菌的容器内，一小块细菌群体不见了，不少人的处理方法是将其倒掉了事，而亚历山大·弗莱明（Alexander Fleming，1881—1955）却"见怪则怪"，紧紧抓住不放，最终发明了青霉素。法国科学家达盖尔不经意在玻璃上涂了一片药品，再看看玻璃，异常出现了，上面出现了清晰的图像。这使他惊奇不已，后来经过研究实验发明了世界第一部银版摄影机。

主题 3　创　意

一、什么是创意?

人们通常讲的创意，可以简称为创新的思维或想法，是一种独特的思维方式、想法甚至理论，或者一种与众不同的观点或独特视角，它与普通、平庸是对立的。创意往往是关于头脑中的思考方式，是人们对实物或信息的处理方式，甚至是组织人的方式。

创意是创造意识或创新意识的简称，它是指基于现实存在事物的理解以及认知所衍生出的一种新的抽象思维和行为潜能。创意是一种通过创新思维意识，从而进一步挖掘和激活资源组合方式进而提升资源价值的方法。

创意的呈现是实践后产生的最终创意产品来体现的。在日常生活中，创意无处不在。比如，我们身边有许多这样的朋友，能讲特别幽默的笑话或段子；能做出特别精致的小礼物；能画出令人联想和启发的油画；能拍出引人思考的电影片段；能搭配出新颖的装扮；能设计出造型独特的建筑，或者能装修出独具风格的房间。这一切都会让人感到很有创意，但它们还不是商业创意，因为它们的目的不是因实现商业价值而产生的。

美国广告大师詹姆斯·韦伯·扬说："创意，就是旧元素的新组合。"《现代汉语词典》关于"创意"的解释是"有创造性的想法、构思等。"

通俗而言，创意是基于原有基础、资源的一种组合表现方式；是把一个事物和想法进行延伸、组合、创新、创作的过程。

创意是传统的叛逆,是打破常规的哲学,是破旧立新的创造与毁灭的循环,是思维碰撞、智慧对接,是具有新颖性和创造性的想法,不同于寻常的解决方法。

☆创新案例1-2 谁应该为此负责?

在一家报纸上有这么一则故事:一对美国夫妇状告其孩子所在的小学及教师,他们的理由很简单,就是该小学把孩子的创新思维和创造力扼杀了,起诉的证据是他们的孩子在上小学之前,家长在一张纸上画一个圈,小朋友会说,这是一个皮圈、一个皮球,甚至是月亮、太阳……而上了小学后,只要画个圈,孩子张嘴就是O(欧),英文字母的发音。法院最后的判决是家长赢了。大家不妨思考,如果这件事发生在中国,其结果将会如何?

二、商业创意的目的是什么?

商业创意是为了实现商业价值产生的创意。

商业价值不同于市场价值,商业价值是指事物在生产、消费、交易中的经济价值,通常以货币为单位来表示和测量。

具体而言,商业价值主要通过改变企业或机构的研发设计或市场营销等环节以实现商业创意。任何在研发设计上的改变,都用于提升消费者对产品功能、体验的认可度;任何在市场营销上的改变,都用于内容、通道上满足创造、激发消费需求,引导消费者进行产品体验。

实现商业创意需要经历四大环节:功能(产品设计的功能)、体验(产品设计的体验)、内容(产品营销的内容)、通道(产品营销的通道)。

☆创新实训1-1 发现钱包的问题

认真观察并思考你现有的钱包,看看你能发现哪些问题或需要改进、完善哪些方面?

三、创意的产生需经历哪些过程?

创意大师詹姆斯·韦伯·扬(James Webb Young)提出创意的产生需经历6个过程:

一是收集原始资料。创意思维的材料犹如一个万花筒,里面的材料数量越多,组成的图案就越多。与万花筒原理一样,掌握的原始资料越多,就越容易产生创意。

二是认真阅读理解资料。资料收集后就需要对所收集的资料进行认真阅读和理解。这时的阅读不是一般的浏览,而是要带着宏观思路去认真阅读。对所收集到的全部资料逐一梳理,进而理解、掌握。

三是认真研究所有资料。需要把一件事物用不同的方式去考虑;还要通过不同的角度进行分析;然后尝试把相关的两个事物放在一起,研究它们的内在关系。

四是放开题目,放松自己。选取自己最喜欢的娱乐方式,如打球、听音乐、唱歌、看电影等,总之,将精力转向任何能使自己身心轻松的节目,完全放松。这个过程是转向刺激潜意识的创作过程。这些方式均是可以刺激自己的想象力及情绪的。

五是创意出现。创意往往会在策划人苦思冥想后，在不经意间出现。詹姆斯·韦伯·扬在研究网版印刷照相制版法的问题时，疲劳至极，睡着了。他一觉醒来，整个运作中的照相制版方法及设备影像就映在了天花板上！阿基米德发现浮在水面的万吨巨轮的重量计算方法也是在极度疲劳、放开思路洗澡时，沐浴完毕起身离开浴盆，哗哗一声水响，触动了他的灵感，得出以排水量来计算其重量的结论。

六是对冥发的创意进行细致的修改、补充、锤炼、提高。这是创意的最后一个阶段的工作，也是必须做的工作。一个创意的初期冥发，肯定不会很完善，要充分运用商务策划的专业知识予以完善。这时，重要的是要将自己的创意提交到创意小组去评头品足，履行群体创意、集思广益、完善细化的程序。

☆创新案例 1-3　Facebook 公司重视员工的创意开发

美国科技巨头 Facebook，因其丰厚的薪酬、福利待遇和独具魅力的企业文化，一直被视为全球科技公司中最令人向往的雇主，曾获得过包括 Business Insider 年度"最值得去工作的公司"、Glassdoor"最佳雇主"、LinkedIn"顶级雇主"在内的多项企业评选大奖。

目前，Facebook 在全球拥有 66 座办公大楼和数据中心，作为 Facebook 工程、销售和人力资源管理团队的"老巢"，Facebook 纽约曼哈顿的办公大楼在整体设计上采用了开放式布局，能俯瞰纽约市全景。为了满足员工们团队创意和独自创意开发两种需求，Facebook 除了让每个人在自己的办公间里拥有自己的办公桌，还在一些安静的小角落里设置了很多露天沙发和椅子，当然如果你想找个特别安静的地方"躲会儿"，Facebook 的办公图书馆可以提供你想要的一切。

几乎所有 Facebook 办公室里都有一块可供员工和参观人员在上面书写自己想法的"思想墙"，当一面墙被写满以后，就会换一面新的。此外在装饰空间方面，员工可以在 Facebook 的模拟研究实验室自行设计和打印喜欢的海报装饰他们办公室的墙面，在各个角落张贴的壁画和海报折射出了 Facebook 公司和员工的价值观。不同于一些公司直接购买现成的艺术品，Facebook 某些办公室的艺术装饰是由拜访过这里的艺术家和在这里工作的员工们创作出来的。多彩的工作环境、舒适的座椅以及随处可见的艺术品，在 Facebook 看来能更好地激发员工的创造力。

Facebook 的工程主管杰夫·雷纳曾说过："整个旅途还只完成了 1%，我们期望 Facebook 的办公环境看起来就像是一件未完成的工事，我们才刚刚上路。"可以看出 Facebook 不仅为员工提供了一个舒适、有助于提高工作效率的工作环境，还鼓励员工想出一个个更好的创意来设计和利用办公空间。

（资料来源：杨德林，王玲. 创意开发教程［M］. 北京：经济科学出版社，2018.）

四、商业创意开发的方法有哪些？

在商业领域，创意开发的结果往往表现为创新。技术明星公司释放了其员工的创造性，开发了创意，改变了数十亿人的生活状况。

各企业的发展都需要全体员工集思广益。从客户服务到账务管理的不同部门的员工都应该有机会尝试新的解决方案。激发人的创造力也不必从零开始,只要能帮助人们重新发现自己已有的东西,即对新理念的想象力或基于新理念的创新力。

创意开发过程可参考如下方法:

①从新的角度重新审视和界定问题,以寻找问题的解决方案。

②愿意冒合理的风险,把失败视为创新过程的一部分。

③愿意正视在挑战现状的过程中遇到的困难。

④当不能肯定自己的思路时,允许有不同的意见。

⑤不断追求认识上的进步,而不是在技术和知识上停步不前。

☆创新案例1-4　用高速流动的空气代替水来洗手

"用高速流动的空气代替水来把手洗干净。"7名年轻学生通过一年的不断尝试,将奇思妙想变成现实。在"全球重大挑战峰会"学生日竞赛中,"空气洗手装置"被评委们称为"一个绝妙的创意",击败来自麻省理工学院、剑桥大学、香港大学等14所全球著名高校参赛团队,以最高分获得金奖。

该团队研发的"空气洗手装置",是通过雾化原理,将空气与水混合,并依靠洗手人自身重力驱动水龙头出水。当使用者站在洗手装置前的移动踏板上时,踏板由于人体重力下沉,通过滑轮组牵引活塞向上挤压空气获得高速气流,令水龙头喷出雾状水滴。

团队负责人介绍说,他们研究了洗手过程中水的作用,发现仅有少部分水用于溶解手上的污渍,绝大部分的水都用于冲走这些污渍,高速气流的作用就是替代这些用于冲洗的水。他们通过显色反应和细菌残留实验证实,用"空气"洗手,污渍和细菌残留程度与用水洗手的效果并无差异。

经实验室测算,这一套空气洗手设备的出水量约300毫升/分钟,而普通洗手设备的出水量约为3 000毫升/分钟。在保证相同洗净程度的前提下,用空气洗手设备洗手能够节约90%的用水量。

（资料来源:朱涵.用高速流动的空气代替水来洗手[N].科技日报,2015-09-19.）

主题4　创　造

一、什么是创造与创造力?

创造,是指将两个或两个以上概念或事物按一定方式联系起来,主观地制造客观上能被人普遍接受的事物,以达到某种目的的行为。简而言之,创造就是把以前没有的事物给产生出或造出来,这明显是一种典型的人类自主行为。

创造力是与创造紧密相关的概念。一切创造都源于人类高超的创造力。创造力是人类特有的一种综合性本领。一个人是否具有创造力,是一流人才和三流人才的分水岭。它是知识、智力、能力及优良的个性品质等复杂多因素综合优化构成的。

创造力是产生新思想,发现和创造新事物的能力。它是成功地完成某种创造性活动所必需的心理品质。例如,创造新概念、新理论,更新技术,发明新设备、新方法,创作新作品等都是创造力的表现。创造力是一系列连续的、复杂的、高水平的心理活动。它要求人的全部体力和智力的高度紧张,以及创造性思维在最高水平上进行。

二、创新与创造有何区别?

创造意味着提出前所未有的创意、想法等行为或能力,一般用于抽象事物和概念层表达,比如提出新思想、新理念和新理论等。

创新其原始意义("创造新的")也有创造的意思在里面。两者时有混淆,但确有区别。

一般来说,创造是创新的一部分,它们产生的创意是创新的起点,但更关键的是创新还包含创意商业化,这是多个元素接入和大量资源投入的富有风险的过程。另外,创造一般是个体行为,创新是复杂的组织行为或过程。图 1.1 阐述了三者之间的关系。

显然,一个创意或一个概念不是一种创新。只有将好的、有潜力的创意或概念转化成产品,进行商业运作才能称为创新。

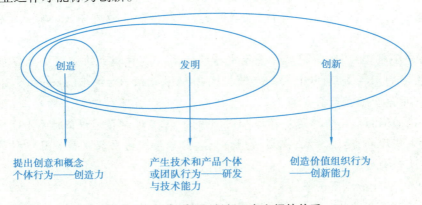

图 1.1　创造、发明、创新三者之间的关系

三、创造力来源于哪些方面?

创造力构成可归结为以下 3 个方面。

(1)作为基础因素的知识,包括吸收知识的能力、记忆知识的能力和理解知识的能力。吸收知识、巩固知识、掌握专业技术、实践操作技术、积累实践经验、扩大知识面、运用知识分析问题是创造力的基础。任何创造都离不开知识,丰富的知识有利于更多、更好地提出创造性设想,对设想进行科学的分析、鉴别、简化、调整与修正,有利于创造方案的实施与检验,而且有利于克服自卑心理,增强自信心,这是创造力的重要内容。

(2)以创造性思维能力为核心的智能。智能是智力和多种能力的综合,既包括敏锐、独特的观察力,高度集中的注意力,高效持久的记忆力和灵活自如的操作力,也包括创造性思维能力,还包括掌握和运用创造原理、技巧和方法的能力等。这是构成创造力的重要部分。

(3)创造个性品质,包括意志、情操等方面的内容。它是在一个人生理素质的基础上,在一定的社会历史条件下,通过社会实践活动形成和发展起来的,是创造活动中所表现出来的创造素质。优良素质对创造极为重要,是构成创造力的又一重要部分。

四、培养创造力有哪些技巧?

创造力的培养概括为以下几个方面:

①激发求知欲和好奇心,培养敏锐的观察力和丰富的想象力,特别是创造性想象,以及培养善于进行变革和发现新问题或新关系的能力。

②重视思维的流畅性、变通性和独创性。

③培养求异思维和求同思维。

④培养急骤性联想能力。急骤性联想是指在一定时间内采用极迅速的联想作用,引起新颖而有创造性的观点。

☆创新案例1-5 "小米模式"——用互联网思维创造新手机

小米手机出现之前,手机属于传统制造业,而小米手机之后,手机行业接入了互联网。不但手机,煎饼、牛腩都在说自己是用"互联网思维"打造的。但为什么只有小米公司成了人们津津乐道的"小米模式"呢?

说到底,"小米模式"就是用硬件去养市场的模式。这种模式决定了小米不能去做苹果公司,而要去BAT[B=百度(Baidu)、A=阿里巴巴(Alibaba)、T=腾讯(Tencent)]。BAT的最大特点是:利用免费模式获得了市场的流量优势,从而形成某种意义上的垄断,继而变现赚钱。比如腾讯的微信和QQ都是免费给人们使用的,但变现却是通过微信和QQ中的十亿级的用户流量来实现的,通过游戏、视频、购物平台、金融等获得巨额收益。且这种商业模式成立以后其商业壁垒会牢不可破。

总结下来,不外乎以下两点:

首先是选对了创业的风口。雷军选择手机作为创业项目,是因为手机是移动互联网唯一的终端入口。2011年智能手机市场刚刚兴起,当时智能机的售价和利润存在很大的空间,小米却以1 999元的价格杀入当时价格普遍在3 000~4 000元的旗舰机市场。小米首先是扩大市场份额,再通过服务去赚钱。截至2017年,小米手机的终端设备激活数量超过3亿台。根据小米公司的说法,每位小米用户每天用在手机上的时间大约是4.5个小时。对于一家即将IPO(Initial Public Offerings,首次公开募股)的公司来讲,以上这两个数字比小米公司卖手机能赚多少钱,更能吸引投资人的目光。

其次是创始人雷军一开始为小米埋下的互联网创造基因。作为最早一批互联网创业者,雷军1992年创办金山软件,1999年创办中国亚马逊。之后作为投资人,先后投资了"凡客诚品""多玩""优视科技"等互联网公司。雷军在小米公司发展之初并没有走传统手机企业"卖手机赚钱"的模式,而是走上了"互联网+创新"的销售模式。小米以1 999元的价格杀入当时价格普遍在3 000~4 000元的旗舰机市场,引发价格战,掀起手机市场的腥风血雨。

事实上小米公司发展也并非一帆风顺。2015—2016年,小米公司的低价模式曾经让公司陷入困境。好在小米手机在2016年及时推出了全屏手机——小米MIX,获得了业界和消

费者的一致好评,也使自己的旗舰机型价格成功地爬升至 3 000 元价位,顺利地走出了困境。如今上市之后的小米是一家市值几千亿元的公司。

思考与练习

1. 火的发现与使用在人类进化史上具有举足轻重的地位。据考古记载,约 170 万年前,云南元谋人就已学会了用火,在他们生活的洞穴中曾发现有炭屑、灰和烧过的兽骨化石。通过查阅资料和观察社会与生活实践,思考以下问题:

(1)请充分发挥你的想象力,猜测古代人是怎样发现了火并学会了保留火种。

(2)火的发现和使用对早期人类的生存和发展起了怎样的作用?

(3)从古至今,火的功能是怎样不断被扩展的?

2. 在日常的生活与工作中,你可能经常会有一些创新行为,比如小创意、小制作、小改进等,只是自己没有留意到。结合本章学到的知识和道理,请对下列问题进行思考:

(1)列举出自己日常生活与工作中的 3 个创新事件。

(2)总结进行这些创新的原因、思路、做法及产生的效果。

(3)基于这些创新活动,思考知识、创新、实践的关系。

3. 请选择一家你熟悉的典型行业(如家电、通信、机械、纺织等)企业,分析其技术创新现状并分析创新对其竞争力的作用。

4. 抖音、Tiktok 为什么能风靡全球?它们的创新、创意、创造点在哪里?这三者之间有何区别与联系?

5. 如今,桥梁不仅代表着交通运输基础设施建设的最高水平,也成为展示中国改革开放巨大成就和综合国力的重要符号。当今世界前 10 座最大跨径悬索桥和最大跨径斜拉桥,我国分别占了 5 座和 6 座。近年来,我国陆续建成东海大桥、江阴长江大桥、杭州湾跨海大桥、润扬长江大桥、苏通大桥、港珠澳大桥等一批世界级大跨径桥梁。结合我国桥梁建造的发展历程分析以下问题:

(1)试述我国桥梁建造创新的过程。

(2)论述自主创新对于企业发展的重要意义。

6. 当前,微信支付、支付宝等移动支付方式深入发展,改变了消费者的支付习惯。支付方式的发展,可以说是人民生活水平和科技水平的一种体现,人们的支付介质随着科技的发展不断变化,也改变着人们的消费模式,改变着人们的生活方式。

(1)根据支付方式的变化试述互联网创新的模式。

(2)如何理解创新改变生活。

(3)什么是迭代思维?试述迭代思维对创新的意义。

第 2 章　创新思维

想象力比知识更重要,正因知识是有限的,而想象力概括着世界上的一切,推动着进步,并且是知识进步的源泉。

——爱因斯坦

学习目的

通过本章的学习,学生应达到如下要求:
1. 理解创新思维的概念、特点、表现形式及培养方法;
2. 了解创新思维存在哪些障碍,学会突破思维障碍;
3. 掌握头脑风暴、奥斯本检核表等常见创新技法;
4. 理解互联网思维,掌握互联网思维的应用法则。

导入案例

☆创新思维之父:爱德华·德·博诺

爱德华·德·博诺(Edward de Bono),1933 年出生于马耳他,先后就读于马耳他圣爱德华皇家学院、马耳他大学、牛津大学基督学院,并获得心理学和生理学博士学位。此外,他还获得剑桥大学哲学博士、马耳他大学医学博士学位,曾在牛津大学、伦敦大学、剑桥大学和哈佛大学任教并担任管理职位,被誉为国际最知名的思想家和"创新思维之父"。

出于对人类自身价值的认识,爱德华·德·博诺创建了世界上最庞大、最系统的思维训练工具,其中包括柯尔特、水平思考、六项思考帽、感知的力量、简化等。

自 1967 年以来,他创建的这些思考工具和方法引起了社会各界的广泛关注。爱德华·德·博诺的思维方法,作为一种"激发组织成员智力潜能的思维管理工具",在全球的企业、政府组织和社会团体中得到广泛的肯定和推广,如 BM、杜邦、雀巢、爱立信、施乐、麦当劳、道格拉斯、英国航空公司、日本电报电话公司、世界经济法庭、美国律师工会、美国情报调查委员会等。爱德华·德·博诺思维系统在美国、日本、英国、澳大利亚等 50 多个国家和地区的上万所大中小学校教育中被广泛采用,并成为必修课。由于其设计的创新思考工具简单、非常实用、力量强大,为人类的思维教育做出了卓越的贡献而备受赞誉。对于成千上万的人来说,爱德华·德·博诺的名字早已成为"创造力"和"新思维"的象征。

主题 1　创新思维概述

一、什么是创新思维?

关于创新思维的定义,至今仍是众口不一。归纳现行的定义有三种:

第一种,创新思维是人脑一种复杂的生理现象。罗杰·斯佩里的"神经回路说"认为:大脑中数以亿计的神经元相互连接,能形成数量巨大的神经回路,每个回路可能与某种思维形式相对应。某一部分回路可通过学习而固定下来,产生重复思维,而在此基础上产生的新的回路,则可产生创新思维。

第二种,创新思维分为广义和狭义两种。从狭义的角度来讲,是把创新思维定义为一项具体的思维方法,即通常人们所说的创意思维或创造性思维,它是以发明创造为目的的一项思维方法。从广义的角度来讲,创新思维是指对现有思维观念、思维模式和思维方法的超越和创新。

第三种,创新思维就是在客观需要的推动下,以新获得的信息和已储存的知识为基础,综合地运用各种思维形态或思维方式,克服思维定式,经过对各种信息知识的匹配、组合,或者从中选出解决问题的最优方案,或者系统地加以综合,或者借助于类比、直觉、灵感等创造新方法、新概念、新形象、新观点,从而使知识或实践取得突破性进展的思维活动。

第一种概念是从脑科学、思维科学的角度进行断定;第二种概念是抓住创造性思维的方法加以定义;第三种概念是对创新思维本质的界定,比较恰当、全面,该定义明确了创新思维涉及的主要问题,此概念还对创新思维过程的基本内容和结果做出了比较清楚的界定。

本书认为:创新思维是指用新颖独到的方法解决问题的思维过程,以求突破常规思维的界限,用崭新的方法、视角思考问题,提出解决方案,从而产生新颖的、独到的、有意义的思维成果。

二、创新思维有哪些特点?

创新思维不同于一般的思维活动,是一种灵活多变的、富于探索性的、以不断变化的现实为标准的思维形式。创新思维以不断发展变化的动态社会为基础,主要体现出突破性、新颖性、求异性和可训练性 4 个主要特点。

对传统认知的突破是创新思维的前提。创新思维的突破首先要突破和超越已有思维定式、原有的思维框架。例如,爱因斯坦突破了牛顿经典力学的静态宇宙观去思考,从而创立了"狭义相对论"。

新颖性是指在思维中尝试使用前人未曾使用过的、独特的、新奇的思维路径和方式方法来解决创造性问题。创新思维的含义是"首创"事物,首创必新。尽管有些成果属局部创新或改进创新,但相对旧的事物又反映了新的特性,只不过新颖程度不同。因此,新颖性是衡量创新思维的客观反映。例如,去西部淘金的美国人亚默尔在淘金过程中发现矿工缺水,便通过挖水渠引水卖水也获得了成功,实现淘金梦。

求异性是指在认识过程中着力于发掘客观事物之间的差异性、现象与本质的不一致性、已有知识与客观实际相比而具有的局限性等,是对常见现象和人们已有的、习以为常的认识持怀疑、分析、批判的态度,例如,许多产品开发就是从原料、结构、性能、材料、外形、色彩、包装乃至加工不同上找到新的方法。

最后是可训练性。美国商学院的知名教授们得出了一个很有意思的创新理论:人类的IQ有80%~85%由基因决定,但创新能力只有30%由遗传决定,全世界成功的创新企业家中70%是后天培养的。创新是可以通过后天培养获得的能力,这一点很令人振奋。所以,创新思维是可以通过训练养成的。

三、创新思维有哪些具体表现形式?

创新思维犹如天马行空,琢磨不定,但存在一定的规律,有迹可循,可以"习得之""干中学"。那么创新思维有哪些具体表现呢? 一般来说,创新思维主要包括生命思维、批判思维、美学思维、经济思维与设计思维5种。

生命思维是其余4种思维的基础。人有七情六欲,拥有爱与愤怒、自豪与自卑、智力等。从物种意义上讲,人具有趋利避害的天性,这是人类文明至今未灭的原因;从个体层面上讲,人有了生命思维,才能认识到生命的珍贵,爱护自己的身体,热爱生命与生活。

批判思维就是说人需要"辨真伪""辨对错",它是好奇心产生的基础。我们现在所学的知识、所读的经典名著名篇就是批判思维留存的结果。独立思考,不盲从,才能引发不同思想观念的相互碰撞与批判,"真的"和"对的"才能留下来。当然,真理和谬误、对与错都是相对的,都会随人类认识的不断发展而改变,这本身就是一种批判思维的体现。

美学思维属于感性思维。"知美丑",每个人对美的评价是不同的,"情人眼里出西施",爱因斯坦描述相对论"如果跟自己喜欢的人在一起,时间会显得很短……"就是这个道理。而美的标准植根于人的经历和认知中,且受环境的影响,随着时间的推移不断变化。美学思维贯穿一个人生活、工作、学习的每个细节,从日常起居到家居美食,从诗词歌赋到物理化学,都充满了美的创造和领悟。创业者在追求美的过程中充满创造力,从而创造出更符合人类美感的事物来。

经济思维源于人类自身的需要和社会的需求,经济思维指的是"计盈亏"。衡量财富的象征就是货币,衡量人存在的意义在于价值,货币是精神世界与物质世界沟通的桥梁。创业者需要经济思维,他们承担着巨大的创业风险,他们需要控制成本,实现产品或服务增值,只有这样才能实现盈利,才能使企业可持续发展。

设计思维指的是人"定合分",设计是按照人的不同目标而将不同的要素通过一定的机制组织在一起以达到某种效果。人类世界中,所有的人工物都是设计的结果,时装、房子、钟表等。当一个设计使用不同路径、采取不同构思,达到一定的效果,那么这就是创新的设计。设计思维往往与经济思维、美学思维共同使用,设计思维强调根据主观需求创造人工物,美学思维强调对美的感知和创造,而经济思维则贯彻始终,具备美的设计物是否经济有效,这是创新得以持续的基础。

四、创新思维有哪些方式?

一是发散思维与收敛思维。发散思维,又称扩散思维、辐射思维、多向思维,是指摆脱原有知识圈和思想框架的束缚,从不同角度和不同途径去思考、探索,从而获得多种解决问题的设想、方案和办法的思维过程。收敛思维,又叫聚敛思维、集中思维、聚合思维,是指在发散思维的基础上根据可能的条件使不同方向、不同角度、不同层面、不同领域的思路指向问题中心,从已有的信息中推演出适合的信息,以达到解决问题的目的的思维过程,如图2.1所示。

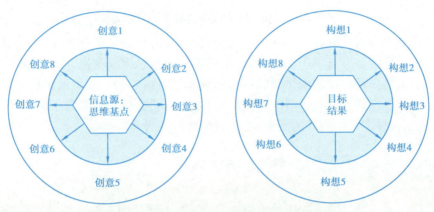

图2.1　发散思维(左)、收敛思维(右)示意图

二是想象思维与联想思维。想象思维是人类独有的智能,想象力是创新的基础。想象思维能帮助人们认识新事物,创造新知识。想象思维是对大脑中的记忆表象按照事物可能存在的发展变化的逻辑关系进行加工改造而创造新形象的思维活动过程。想象思维离不开形象知识,因此是形象思维。联想思维是指在记忆表象系统中因某种诱因导致不同表象发生作用的思维活动过程。即因某人、某事或某概念的触发而联想起相关的人、事或概念的思维联想,是一种由此及彼的跳跃性思维。

三是横向思维与纵向思维。横向思维是截取历史的某一横断面,研究同一事物在不同环境中的发展状况,并通过与周围事物的相互联系和相互比较中,找出该事物在不同环境中的异同,如图2.2(左)所示。纵向思维是一种历时性的比较思维,是从事物自身的过去、现在和未来的分析对比中,发现事物在不同时期的特点及前后联系而把握事物本质的思维过程,如图2.2(右)所示。

四是正向思维与逆向思维。正向思维是对某一种或某一类事物进行思考,是在对事物的过去、现在充分分析的基础上,推知事物的未知部分,提出解决方案。逆向思维则是利用事物的可逆性,从反方向进行推断,寻找常规的岔道,并运用逻辑推理去寻找新的方法和方案。逆向思维有多种形式,如性质上对立两极的转换:软与硬、高与低等;结构、位置上的互换、颠倒:上与下、左与右等;过程上的逆转:气态变液态或液态变气态、电转为磁或磁转为电等。

五是求同思维与求异思维。求同思维是从已知的事实或已知的命题出发,沿着单一的

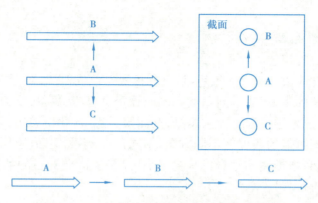

图 2.2　横向思维（上）、纵向思维（下）示意图

方向一步步推导获得满意的答案。这些过程中，肯定性的推断是正面求同，否定性的推断是反面求同。求同思维是沿着单一的思维方向，追求秩序和思维缜密性，能够以严谨的逻辑性环环相扣揭示事物内部存在的规律和联系。求异思维是指对某一现象或问题，进行多起点、多方向、多角度、多原则、多层次、多结果的分析和思考，捕捉事物内部的矛盾，揭示表象下的事物本质，从而选择富有创造性的观点、看法或思想的一种思维方法。

五、商业运营中如何培养创新思维？

创新思维是可以通过后天的培养或训练实现的，下面介绍一些在商业运营中培养创新思维的方法。

（1）组合法。将不同事物或物体进行组合，可以是优点、功能、结构，还可以主次互换等。如多功能复印打印一体机、带橡皮的铅笔等。

（2）模仿法。掌握别人的设计、工艺、原理后，购买或破译，并加入一定的技术创新。模仿也不失为一种好方法，戴尔、康柏模仿 IBM，切入个人电脑市场一举成功；松下模仿索尼的创新产品——"贝塔马克斯"牌录像机并改进之，一举超过索尼。

（3）嫁接法。可以采取原理嫁接、方法移植和结构转化等方法。比如长沙远大集团推出的整体浴室产品就是结构转化方法，它将洗脸盆、浴缸和坐便器做成一个整体，形成一个浴室。

（4）联想法。可以采取类比、功能变异、奥斯本检核表等方法来进行。利用奥斯本检核表法可以产生大量的原始思路和原始创意。

（5）虚拟法。比如世界名牌皮尔卡丹几乎没有自己的工厂，它只有品牌和设计，但全球却至少有 800 家以上的企业在为它代工。

（6）逆向思维法。采取结构性、功能性、角度性和缺点性反转等方法。夏普烤鱼器就是改变"烤东西，火在下方"的思维定式，把电热铬镍合金丝装在上面，不但可烤鱼，还防止了烤鱼过程中鱼油下滴导致的冒烟问题。

☆创新案例 2-1　铅笔的用途

1983 年，一位在美国学习的名叫普热罗夫的法学博士在撰写毕业论文时发现，几十年

来,美国纽约里士满区的一所穷人学校圣·贝纳特学院毕业的学生犯罪记录最少。

普热罗夫用了近6年的时间进行调查,问圣·贝纳特学院的学生一个问题:"圣·贝纳特学院教会了你什么?"最后共收到了3 756份回函。在这些回函中有74%的人回答,他们在学校里知道了一支铅笔有多少种用途,入学的第一篇作文就是这个题目。

当初,学生知道铅笔只有一种用途——写字。后来都知道了铅笔不仅能用来写字;必要时还能替代尺子画线;能作为礼品送朋友表示友爱;能当商品出售获得利润;铅笔的芯磨成粉后可以做润滑粉;演出时可以临时用来化妆;削下的木屑可以做成装饰画;一支铅笔按照相等的比例锯成若干份,可以做成一副象棋;可以当作玩具的轮子;在野外缺水时,铅笔抽掉芯还能当作吸管喝石缝里的水;在遇到坏人时,削尖的铅笔还能作为自卫的武器等。

总之,一支铅笔可以有很多种用途,在不同的情况下,它会有不同的用途。其实,圣·贝纳特学院是为了让这些穷人的孩子明白,有手、有脚、有眼睛、有智慧的人,比一支铅笔更有用途,并且任何一种用途都足以使他们成功。接下来普热罗夫博士又走访了很多人,他发现,从圣·贝纳特学院出去的学生,无论是富裕还是贫穷,他们都拥有一颗乐观的心,都生活得很幸福,并且都能说出一支铅笔至少20种用途。不久,普热罗夫博士放弃了在美国寻找工作,回到了他之前一直不愿回去的祖国——捷克,多年后,他成了捷克最大的网络运营商。
(资料来源:生意人你并非只有一种出路![EB/OL].(2017-06-21)[2021-06-30].搜狐网.)

主题2 创新思维障碍

一、创新思维有哪些障碍?

人通常都有惯性思维。遇到类似或熟悉的问题,总是不由自主地沿着以往思考的方向或次序去解决。长此以往,容易形成固定的思维模式,也叫"思维定式"。

当然,思维惯性与思维定式也有一定的好处,它能省去许多思考步骤,节省大量的时间。据统计,思维定式可以帮助人们解决每天碰到的90%以上的问题,但在面临新情况、新问题时,它就会变成枷锁,极大地影响创造性的思考,使人难以跳出思维定式的束缚。

思维惯性和思维定式合起来,就形成了"思维障碍"。显然,思维障碍阻碍了人们创造性地解决问题,对创新是非常不利的。常见的创新思维障碍主要有以下5种。

一是直线思维,顾名思义,就是以直线方式来考虑问题。所谓"遇山开路""遇水架桥""一条道跑到黑",就是典型的直线思维。一位著名的女高音歌唱家名叫玛·迪梅普莱,她有一个在当地算得上出色的私人园林。每到周末都会有不少人来这里摘鲜花、采蘑菇、捉蜗牛,有的甚至还会搭起帐篷,燃起篝火,在草地上野营野餐,常常弄得园林一片狼藉、肮脏不堪。迪梅普莱叫人在园林的四周围上篱笆,竖起"私人园林禁止入内"的木牌,并派人看守,但都无济于事,许多人依然通过各种隐蔽的方式进入园内。这个例子是最典型的直线型思维习惯方式,但是结果并没有达到预期目的,反而更刺激了人们想进去一探究竟的心理。那么,最后的解决办法是什么呢?迪梅普莱叫人做了一个大大的木牌立在各个路口,上面醒目地写明:"请注意!你如果在林中被毒蛇咬伤,最近的医院离此15千米,驾车半小时可到。"

此后,敢再闯入她家园林的人便寥寥无几了。

二是从众思维,指没有或不敢坚持自己的主见,总是顺从多数人的意志,喜欢"人云亦云"。从众思维的产生既有自身原因(如成员行为或信念上的改变),也有外界,尤其是群体压力。也就是说,当个体受到群体的引导或影响时,会跟从群体行为,怀疑并改变自己的观点和做法,朝着与群体和大多数人一致的方向变化。例如,走到十字路口,看到红灯已经亮了,本应该停下来,但看到大家都在往前冲,自己也会随着人群往前冲。又如,当一场音乐会结束后,前排的观众站起来开始鼓掌,紧跟着后面的具有同样感受的人也起来鼓掌,现在,起立鼓掌的浪潮波及未受鼓励的人,他们也从舒适的椅子上站起来,给予礼节性的喝彩。在这时,你还能坐得住吗?

三是书本知识。现有的科学技术和文学艺术是人类两千多年来认识世界、改造世界的经验总结,其中大部分都是通过书本传承下来的,因此,书本知识是人类的宝贵财富,必须认真学习与继承。但书本知识不能当作教条死记硬背,不能作为万事皆准的绝对真理。例如,几何学告诉我们:"点无大小""线无精细""面无厚薄",这些都是理想化了的"点""面""线",仅存在于理解了几何学的人们的头脑中,但在现实世界中,哪个"点"没有大小?哪条"线"没有粗细?哪个"面"没有厚薄呢?

四是经验。经验是人类在实践中获得的主观体验和感受,是通过感官对个别事物的表面现象、外部联系的认识。在一般情况下,经验是人们处理日常问题的好帮手,有了某一方面的经验,处理类似问题时就能得心应手。但是我们也要看到,经验有其负面效应,经验主义往往导致人们处理问题时按照以往的经验去办的一种思维习惯,照搬经验,忽略了经验的相对性和片面性。美国石油大王保罗·盖蒂说过:"在快速变化的年代,经验可能是你最大的敌人。"

五是崇拜权威。现实中,不少人习惯引证权威的观点,甚至以权威作为判定事物是非的唯一标准,这种思维习惯或模式就是权威型思维定式。权威型思维定式的形成原因很多,比如,由不当的教育方式造成的,在婴儿、青少年教育时期,家长和老师把固化的知识、泛化的权威观念采用灌输式教育方式传授下来,缺少对教育对象的有效启发,使教育对象形成了盲目接受知识、盲目崇拜权威的习惯;再可能是一些人采用各种手段建立或强化自己的权威,不断加强权威定式。破除权威型思维定式,坚持"实践是检验真理的唯一标准"。

☆创新聚焦 2-1　猴子实验——群体惯性

科学家曾做过一个实验:将几只猴子关在一个笼子里,每天喂很少的食物,猴子们被饿得吱吱直叫。数天后,实验者在笼子上面放下两串香蕉,香蕉的另一端连着一个机关,只要一碰到香蕉,笼子外面的高压水枪就向笼子里面喷水。

一只饿得头昏眼花的猴子,猛一抬头看到头顶上多了一串香蕉,本能地一个箭步冲向前,去拿香蕉。当它刚碰到香蕉还没摘下来时,就被预设机关所喷出的水冲得嗷嗷直叫,而在笼子里面的其他猴子也跟着遭殃,全被淋透了。当其他不甘心的猴子爬上去拿香蕉时,同样的情景再次出现,水又喷涌而来。于是猴子们只好望"蕉"兴叹,同时它们得出一个经验,就是不能碰香蕉,一碰到香蕉就要被水淋。

又过了几天,实验者将一只新猴子关入笼子,当新猴子肚子饿得也想尝试爬上去吃香蕉

时,立刻被笼子里的老猴子"扁"了一顿,试了几次,都是如此。于是新猴子得出结论,不能碰香蕉,一碰到香蕉就要挨打。

实验者再换一只新猴子进入笼子,当这只新猴子想要摘香蕉时,有趣的事情发生了,它同样遭到了一顿痛打,而且第一次换进来的新猴子打得最凶。

实验继续,当所有的老猴子都已换成新猴子之后,实验人员撤去了笼子外面的水枪。但此时,没有一只猴子敢去碰香蕉,机关虽然取消了,但被水淋的"群体性"约束着进入笼子的每一只猴子,使它们对唾手可得的盘中美餐奉若神明,谁也不敢前去享用。

（资料来源:肖明.大学生创新思维训练[M].上海:立信会计出版社,2017.)

二、如何突破思维障碍?

一是立足多元视角。创新思维是一种多视角思维,是一种开放的、搜索空间很大的发散思维。它鼓励从多种不同角度研究同一问题,观察同一现象,思考同一对象,从而有许多新发现和新创意。

二是寻找更多可能。对任何问题都不要追求或局限于一个答案,要尽可能有多种方案,从中找出一个最好的。有个游戏让人印象特别深刻:每个人都要用不同的方法,从教室的一端到另一端去,已经用过的方法就不能再用了。有人跳着过去,有人跑着……前面的人把方法都用尽时,后面的人就开始动脑筋了,有人学兔子蹦、学小鱼游、前滚翻……总之,你会发现在特定的情况下,原来还可以找到这么多种非常规的方法。

三是跳出思维定式。人有思维定式,习惯用老经验、老眼光去看待问题。因此,要敢于和善于打破思维惯性或思维定式。其实创新往往是很简单的。当思考陷入困境时,往往都有必要检查一下是否被某种思维定式捆住了手脚。一个人的创新思考陷入某种思维定式大都是不自觉的,而跳出一种思维定式,则常常需要自觉地做出努力。

四是重视意外发现。当意外发现时,要认真研究它,这种无意中得到的发现往往能在发明创造中显出奇迹。我们通常会忽视或漠视一些和期望或专注追求的目标不一致的成果和境遇。我们倾向于将意外发现视为一起反常事件,认为这些发现很有意思,但不重要,同时视而不见地继续前进。

五是增强探索意识。探索就是研究未知事物时,多方寻求答案的过程。探索意识对个人来讲非常重要,尤其在创新时,探索意识就更需要增强。探索问题除有思维惯性阻力外,还有一个阻力,就是人的惰性。人类的创造才能是人类生存的一种本能,而有些人在生存条件基本满足的情况下,就安于现状,创造的本能得不到发挥。

六是排除心理障碍。每个人或多或少都有一些心理障碍,这些心理障碍会阻碍人的创新。因此,需要排除这些心理障碍。

在人类文明发展的进程中,创新思维促进了文明的飞跃和突进。从飞鸟的身上获得启发,人们发明了飞行器;从苹果落地的现象获得启发,人们知道了万有引力;从蝙蝠的身上得到启发,人们发现了超声波。正是这些可贵的突破思维定式的做法,大胆打破常规思维的思考和实践,人们把许多不可能变成了可能,这不得不让人惊叹。

☆创新案例2-2　从不可能到可能

美国一位著名的咨询顾问师叫劳尔尼格。他是一个有着强创新思维的人。在平时的工作中,不论是新产品的构思和策划,还是商务运行中的一些策略,抑或是消除错误的方法和如何改进职员的行为准则等问题,他都会打破习惯的思维定式,提出一些许多人想不到的新方法和新见解,成功地解决问题。劳尔尼格著有《我是如何成功的?》这本书,他在书中全面而详尽地阐述了自己的思维方法和成功心得。他说:"我认为自身的专业及通晓的知识,并不比那些企业家更内行、更有经验,之所以能够找出独特的解决办法,全在于我能够突破思维定式,用一种创新思维的办法来看问题。"由此可见,突破思维定式并拥有创新思维,对成功是至关重要的。

有这样一个简单而有趣的问题,说一个人被困在一间着火的房子里,他想逃脱火海,可是,房门怎么也拉不开,这时,他应该怎么办?很多人可能会说报警、泼水、喊人等,但都不对。正确答案其实很简单,把门推开就行了。那一刻,你会恍然大悟,原来问题如此简单,可是,我怎么没有想到呢?原来是自己习惯的思维定式在作怪。思考和回答这样的问题关键需要突破思维定式,用创新思维去思考。思维定式往往会让我们一叶障目,不见泰山,使我们的创造能力受到束缚,从而失去成功的机会。

(资料来源:肖明.大学生创新思维训练[M].上海:立信会计出版社,2017.)

主题3　创新思维技法

一、如何使用头脑风暴法?

头脑风暴法是当今最负盛名,也可以说是最具实用性的一种集体式创造性解决问题的方法。头脑风暴法出自"Brain-storming"一词,最早是精神病理学上的专业用语,指精神病患者在精神错乱的状态下,其语言及行为是不受控制、无视他人存在的,是一种胡思乱想的思维状态。在创造学中被引申为无限制的自由联想和讨论,其目的在于产生新观念或激发创造性设想,强调思维不受拘束。

头脑风暴法最早是1941年由美国BBDO广告公司亚历克斯·奥斯本提出的,是指将一群人聚集起来,遵循简单的原则,尽可能多地说出自己的想法,互相之间又不给予批判,能很好地激发人们的创造力。

在群体决策中,由于群体成员心理相互作用影响,易屈于权威或大多数人意见,形成所谓的"群体思维"。群体思维削弱了群体的批判精神和创造力,损害了决策的质量。而每个人提出一个新观点,不仅激发自己的想象力和创造性思维,在这个过程中,与会的其他人的想象力也受到激荡和刺激,产生一系列的连锁反应,进而产生众多的创意。

采用头脑风暴法组织群体决策时,要集中有关人员召开专题会议,小组人数一般为10~15人,时间一般为20~60分钟;设主持人一名,主持人只主持会议,对设想不作评论,设记录员1~2人,要求认真将与会者每一设想不论好坏都完整地记录下来。与传统讨论会比较,

头脑风暴法克服了多数人的意见或一致意见的压力、权威的影响、参加人随意的批判、部分与会者不够积极、得出的方案不够多等缺点。

☆创新聚焦 2-2　开好头脑风暴会议的技巧

如何开好头脑风暴会议,下面简单介绍一些小技巧。

(1)讨论内容的确定。讨论内容的确定很重要,设置不当则头脑风暴会议很难成功。需注意以下几点:一是讨论问题要具体、明确,不要过大,如有大问题则分解成小问题逐一讨论;二是讨论问题也不宜过小或限制性太强,不要出现讨论"A 与 B 方案哪个更好"类似的议题;三是不要同时将两个或两个以上的议题拿来讨论;四是主持人要对首次参加头脑风暴会议的人给予关注,可适当提出一些小练习让新参加者熟悉该类会议的特点、基本规则等。

(2)采取"行—停"法或"一个接一个"法。"行—停"是头脑风暴法中一个常用的技巧,即 3 分钟提出设想,5 分钟考虑,再用 3 分钟的时间提出设想……这样三五分钟反复交替,形成有行有停的节奏。"一个接一个"是头脑风暴法中另一个常用的技巧。与会者不是自愿自发地提出自己的设想,而是根据座位的顺序一个接一个提出观点,如果轮到的人没有新构想就跳到下一个人,如此反复循环,直至会议结束。据研究表明,该技巧能极大地提高头脑风暴会议产生的构想数。

(3)成员定期更换。参加会议的成员应定期更换,应在不同部门、不同领域挑选不同的人参加,以防止形成固定的思维方式,以致一些成员可以估计到其他成员的构想。

(4)成员的搭配。与会人员的组成应考虑男女搭配的比例,适当的比例会极大地提高产生构想的数目。另外,实践表明,领导或权威在场,常常会造成一般成员不敢自由地提出设想,当然,在氛围浓烈的环境下则又另当别论。

(5)活跃气氛。为使氛围活跃,在正式举行会议前可以先热身活动一番,如吃些点心、听听音乐、说说笑话等。

(资料来源:杨德林,王玲.创意开发教程[M].北京:经济科学出版社,2018.)

二、如何使用奥斯本检核表法?

奥斯本检核表法是由美国创新技法和创新过程之父亚历克斯·奥斯本提出的并以其名字命名的方法,是一种产生创意的方法。在众多的创造技法中,这种方法是一种效果较为理想的技法,由于它有突出的效果,被誉为创造之母。

奥斯本检核表法的核心是改进。其基本做法是:首先选定一个要改进的产品或方案;然后,面对一个需要改进的产品或方案,或者面对一个问题,从 9 个问题(角度)提出思考,并由此产生大量的思路;最后,根据第二步提出的思路,进行筛选和进一步思考、完善。

奥斯本检核表法引导主要对照创造过程中 9 个方面的问题进行思考,以便产生新设想和新方案的方法。奥斯本检核表法主要面对的 9 个大问题包括:有无其他用途、能否借用、能否改变、能否扩大、能否缩小、能否代用、能否重新调整、能否颠倒、能否组合。

☆创新聚焦 2-3　奥斯本检核表法

奥斯本检核表如表2.1所示。

表2.1　奥斯本检核表

序号	检核项目	含义
1	能否他用	现有事物是否有其他用途
		保持不变能否有扩大用途
		稍加改变是否有其他用途
2	能否借用	能否引入其他创造性设想
		能否模仿别的东西
		能否从其他领域、产品、方案中引入新元素、新材料、新造型、新原理、新工艺、新思路
3	能否改变	现有事物能否改变,如颜色、声音、味道、式样、花色、音响、品种、意义、制造方法
		改变后效果如何
4	能否扩大	现有事物能否扩大其适用范围
		能否增加其使用功能
		能否添加零部件
		能否延长使用寿命,增加其长度、厚度、强度、频率、速度、数量、价值
5	能否缩小	现有事物能否体积缩小、长度变短、重量变轻、厚度变薄,能否拆分、省略某些部分
		能否浓缩化、省力化、方便化和短路化
6	能否替代	现有事物能否用其他的材料、元件、结构、动力、设备、方法、符号、声音等代替
7	能否调整	现有事物能否变换排列顺序、位置、时间、速度、计划、型号
		内部元件可否交换
8	能否颠倒	现有事物能否从里外、上下、左右、前后、横竖、主次、正负、因果等相反的角度颠倒过来
9	能否组合	能否进行原理组合、材料组合、形状组合、功能组合、目的组合

(资料来源:李时椿,常建坤.创业学:理论、过程与实务[M].北京:中国人民大学出版社,2011:74.)

三、如何使用属性列举法?

属性列举法,也称特性列举法,是美国尼布拉斯加大学的克劳福德(Robert Crawford)教授在1954所提倡的一种著名的创意思维策略。

这种方法强调使用者在创造的过程中观察和分析事物或问题的特性或属性,然后针对

每项特性提出改良或改变的构想。通过将决策系统划分为若干个子系统（即把决策问题分解为局部小问题），并把它们的特性一一列举出来。将这些特性加以区分，划分为概念性约束、变化规律等，并研究这些特性是否可以改变，以及改变后对决策产生的影响，研究决策问题的解决方法。此法的优点是能保证对问题的所有方面全面的研究。

将物品或事物分为下列 5 种属性：

(1)名词属性：全体、部分、材料、制法。

(2)形容词属性：性质、状态。

(3)动词属性：功能。

(4)接下来进行特征变换。

(5)再提新产品构想。依变换后的新特征与其他特征组合可得到以下新产品。

举例——选择水壶为课题，那么，列出的特性有：

名词特性：

全体：水壶；

部分：壶柄、壶盖、蒸气孔、壶身、壶口、壶底；

材料：铝、铜、不锈钢；

形容词特性：轻、重、大、小、灰色、银白色……

动词特性：烧水、装水、倒水；

然后再对各部分进行具体的分析。

四、如何使用综摄法？

综摄法又称类比思考法、类比创新法、比拟法、分合法、集思法、群辨法、强行结合法、科学创造法。综摄法是由美国麻省理工学院教授威廉·戈登（W. J. Gordon）于 1944 年提出的一种利用外部事物启发思考、开发创造潜力的方法。

戈登发现，当人们看到一件外部事物时，往往会得到启发思考的暗示，即类比思考。而这种思考的方法和意识没有多大联系，反而是与日常生活中的各种事物有紧密关系。

事实证明：不少的发明创造、文学作品都是由日常生活的事物启发而产生的灵感。这种事物从自然界的高山流水、飞禽走兽，到各种社会现象，甚至各种神话、传说、幻想、电视等比比皆是，范围极其广泛。戈登由此想到，可以利用外物来启发思考、激发灵感解决问题，这一方法便被称为综摄法。

综摄法是指以外部事物或已有的发明成果为媒介，并将它们分成若干要素，对其中的元素进行讨论研究，综合利用激发出来的灵感，来发明新事物或解决问题的方法。

☆创新聚焦2-4　日本南极探险队运用综摄法解决难题

日本南极探险队准备在南极第一次过冬，当时南极越冬队队员正在设法用输送船把汽油运到越冬基地。因为是初到南极过冬，实地操作时才发现输送管的长度根本不够，可是又没有备用的管子。这个难题困住了所有的队员，大家不知该怎么办才好。

这时，队长西堀荣三郎突然提出了一个很奇特的设想，他说："我们用冰来做管子吧！"他的这个设想当然不是凭空想出来的,因为南极非常冷,水在碰到外界空气的瞬间就会变成冰,可以说是滴水成冰。但问题的关键是怎样使冰形成管状,而且在中途不会断裂。西堀队长很快又有了灵感。"我们不是有医疗用的绷带吗? 就把它缠在铁管上,上面再淋上水让它结冰,然后拔出铁管,不就成了冰管子了吗? 用这种方法做冰管子,再把它们一截一截连接起来,想要多长就有多长。"在西堀队长的整个构想中,首先是找出冰管来代替输油管,其次是将绷带的功能由包扎伤口转为缠绕铁管。西堀队长的聪明之处在于通过已知的东西作为媒介,将毫无关联的、不相同的知识要素结合起来,也就是摄取各种事物的长处,把它们综合在一起,找到解决问题的创造性方法。这位西堀队长灵活运用综摄法,充分发挥了潜在的创造力,使越冬输油管的难题得到了解决。

(资料来源:杨德林,王玲. 创意开发教程[M].北京:经济科学出版社,2018.)

主题4　"互联网+"创新

一、什么是互联网思维?

"互联网+"时代的创新与创新管理的首要焦点在于商业思维模式的变革,即产生了"互联网思维"。互联网思维指的是在(移动)互联网、大数据、云计算等科技不断发展的背景下,重新审视市场、用户、产品、企业价值链乃至整个商业生态。这种思维模式嵌入产品、生产、服务、销售、战略与商业模式设计等各个环节,是对传统工业转型的思考,在很多方面都不相同,如表2.2所示。

表2.2　互联网思维与工业思维的区别

研发的思维模式	工业思维	互联网思维
	直线式思维	圆形思维
特征表现	状态B 状态A	
风险属性	规模大、鲁棒性弱	分阶段、风险可控
形式属性	羊毛出在羊身上	羊毛出在猪身上
营销模式	花巨资广告营销	口碑营销、社会化媒体直销
创新模式	封闭式创新	开放式创新
创新主体	研发人员创新	用户参与创新
盈利思想	依靠产品本身获取利润	产品本身可以免费
商业模式要点	规模、成本、质量	用户体验、用户参与

利用互联网为发展提供新动力已成为传统行业转型升级的重要途径。为此,许多传统企业和传统商业模式纷纷"触网",如表2.3所示,重新调整自身发展战略规划,通过组建团队、引进技术、加强研发、并购重组等方式对自己的产品和服务进行互联网化改造,以期能够融入这个激荡变革的时代。

表2.3　"互联网+"与传统领域的创新结合

互联网+传统领域	典型案例	基本描述
互联网+通信	微信	智能终端即时通信与免费应用服务,实现即时通信、人际互联
互联网+零售	淘宝	网络零售、商圈、购物平台,以电商推动 B2B、B2C、O2O 等模式
互联网+家电	海尔 U+智能家居开放平台	互联网时代生活家居解决方案的一站式平台,实现客户需求导向,产品与服务模块化,平台提供一体化解决方案,产品、服务、供应商、客户体验等资源汇聚
互联网+教育	MOOC	全球在线课程学习平台,实现在线教育与学分认可,全球知识与教学资源整合
互联网+交通	Uber	即时用车软件,提供安全、舒适、便捷的城市交通服务,提高用户体验,共享经济,优化资源配置
互联网+生活产品	Nike+	耐克系列健康追踪应用程序与可穿戴设备统称,丰富产品功能的社会化、人因工程、用户体验等效应

二、哪些思维属于互联网思维?

一是用户思维。产生"用户至上"的基本法则,互联网思维的核心是用户,其在组织商业运作与价值链中始终起着举足轻重的作用,要求企业产品、服务及商业模式的设计的核心是用户导向,即站在用户的角度考虑组织产品创新、产品与服务定价、品牌营销等问题,深度理解挖掘用户需求,让消费者"用脚投票",从而获取组织创新的竞争优势。

二是大数据思维。互联网作为工具使企业有能力积累超大规模的客户市场、供应商、产学研合作伙伴、竞争对手等海量数据信息,这些数据信息可转换为企业核心的资产与竞争优势。

三是跨界思维。这种思维模式是企业通过互联网技术与平台,延伸或重构了旧有商业模式的产业边界,从而拓展了自身产品与服务的商业价值,获取价值回报与竞争优势。

四是简约思维。这种思维模式强调对产品研发、设计、生产、服务环节的极简思路,从而最大限度地方便客户使用,避免因互联网技术的复杂性而给客户带来的体验与使用满意度降低,从而增强竞争优势。

五是极致思维。互联网时代及金融资本持续投入催生了企业商业模式的残酷竞争,唯有充分挖掘客户需求,使客户获得公司产品与服务的极致体验才能真正留住客户,确保客户的黏性。

六是迭代思维。产品与服务创新在互联网的辅助下进一步降低了研发与创新过程的信息不对称，提升了企业创新过程的效率，从而降低了创新的生命周期。同时，互联网条件下企业高度竞争以及对客户需求的持续挖掘进一步加速了客户对新产品、新服务需求的多样化与个性化要求。

七是平台思维。这种思维面向组织战略、商业模式与组织形态层面，强调组织利用互联网构建自身的商业生态系统，并通过与商业生态系统内各利益攸关主体的竞争与合作共赢搭建互动平台，从而获取平台优势。

八是社会化思维。互联网强调人与人之间的互联，本质是一种"网"的概念。信息的传递、关系链的构建、口碑的建立等均依赖这种"互联"。互联的背后可以产生网络的外部性，即每增加一个客户就会给整个网络产生正向的价值反馈，从而在整个社会层面产生溢出效应。

九是流量思维。流量思维主要面向业务运营，如特定的销售与服务环节。企业应当高度关注客户流量，流量既是价值回报，也是整个商业模式成功与否的关键。

互联网思维构成如图2.3所示。

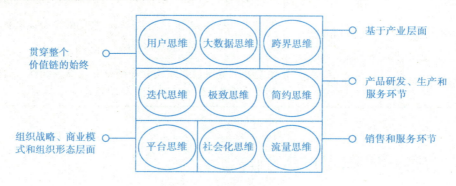

图2.3 互联网思维构成

三、互联网思维有哪些应用法则?

一是用户至上。在互联网时代，企业营销策略应针对个性化用户做精准营销。比如银泰网上线后，打通了线下实体店和线上的会员账号，在百货和购物中心铺设免费 Wi-Fi。当一位已注册账号的客人进入实体店，他的手机连接上 Wi-Fi，他与银泰的所有互动记录会一一在后台呈现，银泰就能据此判别消费者的购物喜好。这样做的最终目的是实现商品和库存的可视化，并达到与用户之间的精准有效沟通。

二是兜售参与感。一种情况是按需定制，厂商提供满足用户个性化需求的产品，如海尔的定制化冰箱；另一种情况是在用户的参与中去优化产品，如淘品牌"七格格"，每次新品上市，都会把设计的款式放到其粉丝群组里，让粉丝投票，这些粉丝决定了最终的潮流趋势，自然也会为这些产品买单。粉丝是最优质的目标消费者，一旦注入感情因素，有缺陷的产品也会被接受。

三是体验至上。好的用户体验应该从细节开始，并贯穿于每个细节，能够让用户有所感

知,并且这种感知要超出用户预期,给用户带来惊喜,贯穿品牌与消费者沟通的整个链条。微信新版本对公众账号的折叠处理,就是很典型的"用户体验至上"的选择。

四是专注(聚焦)。所谓专注,就是不断强化产品和市场定位,产品聚焦、市场聚焦、消费人群也聚焦。苹果就是典型例子,1997 年苹果公司几乎破产,乔布斯回归后,砍掉了 70% 产品线,重点开发 4 款产品,这才使苹果公司扭亏为盈、起死回生。曾经很火的网络鲜花品牌 Rose Only,它的品牌定位是高端人群,买花者需要与收花者身份证号绑定,且每人只能绑定一次,意味着"一生只爱一人"。2013 年 2 月上线,8 月做到了月销售额近 1 000 万元。

五是服务为王。好的产品加上糟糕的服务收获的就是糟糕的产品印象,好的产品加上好的服务则是收获"极致的产品"印象,即便是一般的产品加上好的服务也会收获"好的产品"印象。阿芙精油是知名淘宝品牌,有两个小细节可以看出其对服务体验的极致追求:一是客服 24 小时轮流上班,使用 Thinkpad 小红帽笔记本工作,因为使用这种电脑切换窗口更加便捷,可以让消费者少等几秒;二是设有"CSO"(首席惊喜官),每天在用户留言中寻找潜在的推销员或专家,找到之后会给对方寄出包裹,为这个可能的"意见领袖"制造惊喜。

六是快速迭代。"天下武功,唯快不破",只有快速地对消费者需求做出反应,产品才更容易贴近消费者。Zynga 游戏公司每周对游戏进行数次更新,小米 MIUI 系统坚持每周迭代。这里的迭代思维对传统企业而言,更侧重在迭代的意识,意味着必须及时乃至实时关注消费者需求,把握消费者需求的变化。

七是打造共赢生态圈。在互联网时代,用户的需求变化越来越快,单靠企业自身所拥有的资源、人才和能力很难快速满足用户的个性化需求,这就要求打开企业的边界,建立一个更大的商业生态网络满足用户的个性化需求。所有的参与者都将在参与到该项目或事件中得益,实现共赢。T-Watch 智能手表通过 10 条微信,近 100 个微信群讨论,3 000 多人转发,11 小时预订售出 18 698 只,订单金额 900 多万元。这就是微信生态圈营销的魅力。

八是企业是员工的平台。对企业而言,内部平台化是自组织而非他组织。自组织是可以自行调整和创新的。阿里巴巴等互联网巨头的组织变革,都是围绕着如何打造内部"平台型组织"而努力的。阿里巴巴 25 个事业部的分拆、腾讯六大事业群的调整,都旨在发挥内部组织的平台化作用。海尔将 8 万多人分为 2 000 个自主经营体,让员工成为真正的"创业者",让每个人成为自己的 CEO。

四、"互联网+传统领域"有哪些商业模式?

"互联网+"企业四大落地系统(商业模式、管理模式、生产模式、营销模式),其中最核心的就是商业模式的互联网化,即利用互联网精神(平等、开放、协作、分享)颠覆和重构整个商业价值链。目前来看,主要分为 6 种商业模式。

一是"工具+社群+电商"模式。互联网使信息交流越来越便捷,志同道合者更容易聚在一起形成社群。同时,互联网将散落在各地的分散需求聚拢在一个平台上,形成新的共同的需求并形成了规模,解决了重聚的价值问题。如今互联网正在催熟新的商业模式即"工具+社群+电商/微商"的混合模式。比如微信最开始就是一个社交工具,先是通过各自工具属性/社交属性/价值内容的核心功能过滤到海量的目标用户,加入了朋友圈点赞与评论等社区功能,继而添加了微信支付、精选商品、电影票、手机话费充值等商业功能。

二是长尾型商业模式。长尾概念由克里斯·安德森提出,用于描述某些行业从面向大量用户销售少数拳头产品,到销售庞大数量的利基产品的转变,虽然每种利基产品相对而言只产生小额销售量,但利基产品销售总额可以与传统面向大量用户销售少数拳头产品的销售模式媲美。通过 C2B 实现大规模个性化定制,核心是"多款少量"。所以,长尾模式需要低库存成本和强大的平台,并使利基产品对兴趣买家来说容易获得,例如 ZARA 就是这类商业模式。

三是跨界商业模式。互联网为什么能如此迅速地颠覆传统行业呢? 互联网的颠覆实质上就是利用高效率来整合低效率,对传统产业核心要素的再分配,也是生产关系的重构,并以此来提升整体系统效率。利用互联网工具和互联网思维,重新构建商业价值链就有机会获得成功。余额宝就诞生了,余额宝推出仅半年,规模就接近 3 000 个亿;而雕爷不仅做了牛腩,还做了烤串、下午茶、煎饼,还进军了美甲;小米做了手机,做了电视、农业,还要做汽车、智能家居。

四是免费商业模式。互联网时代是一个"信息过剩"的时代,也是一个"注意力稀缺"的时代,注意力稀缺导致众多创业者们开始想尽办法去争夺注意力资源,以如何吸引大众注意力为基础来创造价值,然后转化成盈利是摆在企业面前的重要命题。很多企业都是以免费、好的产品吸引到很多的用户,然后通过新的产品或服务给不同的用户,在此基础上再构建商业模式,比如 360 安全卫士、QQ 用户等。互联网颠覆传统企业的常用打法就是在传统企业用来赚钱的领域免费,从而彻底把传统企业的客户群带走,继而转化成流量,然后再利用延伸价值链或增值服务来实现盈利。

五是O2O 的商业模式。O2O 以狭义来理解就是线上交易、线下体验消费的商务模式,主要包括两种场景:一是线上到线下,用户在线上购买或预订服务,再到线下商户实地享受服务,目前这种类型比较多;二是线下到线上,用户通过线下实体店体验并选好商品,然后通过线上下单购买商品。2012 年 9 月,腾讯 CEO 马化腾在互联网大会上的演讲中提到,移动互联网的地理位置信息带来了一个崭新的机遇,这个机遇就是O2O。二维码是线上和线下的关键入口,将后端蕴藏的丰富资源带到前端,O2O 和二维码是移动开发者应具备的基础能力。

六是平台商业模式。平台型商业模式的核心是打造足够大的平台,产品更为多元化和多样化,更加重视用户体验和产品的闭环设计。现在很多人都想做平台企业。淘宝、天猫、微信、抖音、腾讯等都是平台。平台搭好了,大家都可以用,实现共赢。尤其是互联网平台,企业可以放大,其原因有:第一,这个平台是开放的,可以整合全球的各种资源;第二,这个平台可以让所有的用户参与进来,实现企业和用户之间的零距离。

☆创新案例 2-3　苏宁云商——"互联网+零售"的创新实践者

苏宁是国内最早提出并率先进行 O2O 实践的企业。2009 年,苏宁开启了互联网零售之路;2010 年苏宁易购上线,探索传统零售的互联网转型;2011 年以来,苏宁探索出线上线下多渠道融合、全品类经营、开放式平台服务的业务形态,明确"一体两翼三云四端"的互联网零售路线图。2016 年"中国 500 最具价值品牌"榜单,苏宁云商以 1 582.68 亿元的品牌价值位列品牌榜第 13 名,稳居零售业第一位。通过近几年的发展,苏宁不仅实现了互联网转型,还逐步通过企业的创新运营实现了"店商+电商+零售服务商"的平台化发展。具体体现在以下方面。

一是构筑线上线下交易平台。在一、二级市场,苏宁用互联网技术改造线下门店,推出了互联网云店,并通过不断迭代升级,把 O2O 的模式和互联网零售的转型真正地固化成为一个实体的业态;在三、四级市场,加速渠道下沉,推出苏宁易购服务站,目前已经在全国布局 1 500 多家,截至 2018 年底将达到 2 500 家。通过线下实体的互联网化运营,目前,已全面实现了线上、线下的融合发展,为用户打造了贯穿全渠道的消费体验平台。

二是发展数据云服务平台。借助互联网的技术,苏宁将数亿会员资料、访问轨迹、订单信息等大数据资源通过云计算和开放平台与上游供应商无缝连接,协助上游制造厂商发展"互联网+"智能制造,实现精准制造和精准供应。与此同时,创新包销定制、预售众筹等互联网营销手段,探索消费者需求驱动制造的新型商业模式,推动供应链在研发、生产、物流、推广等环节的效率提升。截至 2018 年 6 月,苏宁已为 6 000 多家供应商和平台商户提供了数据云服务,苏宁众筹平台已累计帮助 854 个项目团队筹集了超过 6 亿元的启动金,帮助这些企业从前端需求分析开始推动产品的生产制造。

三是打造金融云服务平台。借助互联网全面推进落实普惠金融、小微金融的服务理念,通过大数据应用建立消费者信用模型和供应商信用模式,真正实现了满足消费者多样化的金融需求和供应商的各类融资需求。推出消费金融产品任性付,通过线上线下结合的方式,已累计向近 2 000 万人发出授信邀请,发放消费贷款数量超 800 万笔。针对中小微企业合作,在供应链场景与大数据支撑下,金融产品可以做到无须抵押、无须担保,全程自动放款,最快 3 分钟到账。2015 年,苏宁共计为数千家企业提供了 300 亿元的贷款服务,这些贷款小到几万元,大到上亿元,帮助众多中小型企业渡过了资金不足的难关。

四是发展物流云服务平台。作为互联网零售发展的核心环节,苏宁超前布局物流,依托物、仓、人的系统连接,构建了国内规模最大、技术领先、配套完善的零售物流体系,并成为唯一一家参与国家第四方物流信息平台试点的零售企业。目前,已有 1 000 多家企业接入苏宁的物流云系统。未来,苏宁物流会进一步加快社会化开放的速度和力度,推进供应链物流业务纵深发展,助力社会物流的优化配置,为实体经济的提质增效疏通"血脉"。

五是开启创业孵化平台。企业转型发展过程中,不仅围绕零售运营实现了平台能力的再造,还借助互联网,助推企业进一步启动创新创业计划,在企业内部打造围绕零售发展的创业孵化系统,构筑了零售、地产、文化、金融、投资、文创六大产业协同发展的新产业布局。同时,苏宁通过设立创业营和创业基金,发展私募股融资平台,扶持培育各类有价值的初创型企业发展,进一步为创业者提供资金、渠道,趋势分析和创业经验。

随着苏宁零售 CPU 的不断迭代,苏宁开放的对象将从大型线上平台商到线下百货购物中心,再到零售末端的社区便利店等中小微个体。目前,在天猫有苏宁易购的旗舰店,在万达有苏宁易购云店,在门口的便利店有苏宁易购,苏宁的 CPU 遍布零售业的各个角落。通过渗入用户日常生活的方方面面,连接一切可连接的对象,开放一切可开放的资源,为合作伙伴创造更多元的价值,为用户带来更多样的体验。同时,苏宁的互联网转型可以为实体企业转型升级树立信心。

（资料来源：苏宁云商：电商综合服务平台，实践"互联网+零售"创新［EB/OL］.
(2018-06-07)［2021-03-30］.国家发展和改革委员会.）

思考与练习

1.尝试以下列词汇为中心，展开联想：

0.茶杯；1.钢笔；2.台灯；3.钥匙；4.砧板；5.帽子；6.书包；7.椅子；8.搓澡巾；9.肥皂盒，画出思维导图（横向 6 个、纵向 8 个以上）。

根据思维导图，结合思考物品的功能及其存在的问题，形成新的创意产品。

2.尽可能多地说出雪碧瓶、废弃鼠标的各种用途。

3.用下面 4 组不相关的词汇，任意变换排列顺序加上美妙的联想，造出 4 句有特色、有立体形象的句子：

(1)摩托车—电视机—沉思。

(2)竹子—小河—笑脸。

(3)钢笔—青草地—蓝天。

(4)跑步—青年—深夜。

4.搜索创新思维技法在商业活动中的应用或调研分析速溶咖啡、胶囊咖啡的创新点。

5.请谈谈在日常生活中你有什么训练创新思维的好点子，并与同学们分享。

第3章　设计思维

设计思维是一种以人为中心的创新方法，它从设计师的工具箱中汲取，以整合人的需要、技术的可能性和商业成功的要求。

——IDEO 首席执行官 Tim Brown

学习目的

通过本章学习，学生应达到如下要求：
1. 理解设计思考的概念，掌握设计思考步骤及遵循的基本原则；
2. 理解消费者画像的含义，掌握消费者画像的创作过程；
3. 了解客户体验地图的含义，熟知客户体验地图的关键要素；
4. 了解促进创意产生的方法和设计启示的作用。

导入案例

IBM 公司与设计思维

作为分支机构遍布全球的百年科技企业，IBM 公司积极探索，力求将自己重塑为一个"设计思维"的公司。IBM 公司在招聘 1 000 多名专业设计师的同时，也对其管理层进行了大量的关于设计思维的培训。

IBM Design 总经理 Phil Gilbert 说："IBM Design 是我们采取的一种新的工作模式，把用户放在第一位，把技术放在第二位，如今我们讲的设计思维，就是一种以人为中心的新的商业模式和思维方式。"IBM 公司希望通过打造自己的设计文化，从而在自身工作的方方面面都嵌入设计元素。IBM 公司设计人员主要分为 5 个方向：图形设计、用户体验设计、前端开发、工业设计和设计研究人员，其中一些人员的背景更多元化，甚至包括人类学、心理学及社交专家、媒体专家，跨学科人才与设计师一起密切协作，共同开发。

IBM 公司针对用户进行深入的了解，快速生成一些想法，并在消费者中进行测试，寻求用户的反馈，然后基于这个反馈不断优化最终的用户体验。同时，设计思维与 IBM 公司在大数据、云计算、移动和社交等方面的专长集成在一起。例如，一个航空公司有很多关于乘客的数据，包括乘客飞行的频率、经常的目的地，甚至旅行途中的购物清单、是不是带着家人一起出行等，基于这些数据和 IBM 公司的分析技术就可以为乘客设计一款定制的应用。在这个过程中，设计思维就扮演了集成的角色。

主题1　设计思维概述

一、设计思维在产品开发中有何重要作用?

10多年来,设计思维在新产品开发和创新领域的普及度有显著提高,甚至还得到了越来越多的重视。全球顶尖设计咨询公司IDEO总裁兼首席执行官蒂姆·布朗在他的著作《设计改变一切》中指出,工业革命虽然引领人们进入了一个无法想象的富足时代,却丧失了感受、激情和人与人之间的深度关联。

在传统的新产品开发流程中,原型开发通常在流程的末端,即开发人员对用户提出的问题进行总结,就主要需求取得一致意见后,开发出一个原型并运行。它没有作为一个获得市场反馈的装置,而是用来反映研发阶段的完成,同时展示下一步制作阶段产品的可制造性,开发者无法从中获取市场反馈。

而在应用设计思维的新产品开发中,需要人们在问题或机遇尚不确定时有突破性创意或概念,这是应用设计思维的最佳时机。在商业领域,运用设计思维取得成功的案例也有很多,比如新创企业、设计业务模型、流程改善等。

设计思维最适合用在变化较快、用户需求不明确的市场中,例如谷歌眼镜、智能手表等可穿戴的生物识别设备类新兴市场。

设计思维可以帮助我们避开一个误区:在设计某种具体的解决方案时,过早投入过多资源。在客户洞察和潜在解决方案方面,设计思维讲的是探寻、开发和测试一种新想法所采取的低风险行动。例如,在IDEO公司,根据产品方向的不同选择不同的相关专业人士参与,一个设计团队通常由3~5人组成,他们来自经济、商业、心理学、工程、设计,甚至医学等各个领域。他们以不同的视角观察和讨论,最后形成比较全面的观点和创意。相较于一般设计公司只是为客户提供某款明确的产品,IDEO更趋于为客户提供一套完整的解决方案。

二、什么是设计思维?

设计思维最早是由美国的Bryan Lawson在1980年所著的《设计师如何思考:设计进程解密》一书中提出的:设计是一个特殊和高度发展的思维形式,是一种设计者学习后更擅长于设计的技巧。

虽然设计思维的方法和理念得到了许多企业和设计顾问的支持,但是其来源却非常复杂,包括软件开发、工程学、人类学、心理学、艺术及商业等学科。现在人们所说的设计思维,其实是许多学科和行业整合、演化的产物。

设计思维是一种解决问题的创新方法,是用于确定和创造性地解决问题的系统化的协作方法。"设计思维"这个词的字面意思就是指人们像设计师一样思考问题和解决方案。设计思维是一种以解决方案为基础的,或者说以解决方案为导向的思维形式,不是从某个问题入手,而是从目标或者要达成的成果着手,然后,通过对当前和未来的关注,同时探索问题中

的各项参数变量及解决方案。

例如，一位客户拜访一家建筑公司，在此之前已看过他们建好的房子。客户手上已购买了一块土地，于是他可能会要求建造一所同样的房子。设计师就要构思出一个解决方案作为起始点，填充进许多参数(工地的坡度、朝向、景观、家庭需要、未来需求等)，以便专门针对这位新的客户、新的地点、新的需求、新的风格等因素，在原有的框架基础上，制订出一个新的解决方案。

三、设计思维有什么优点？

第一，设计思维是一种非线性方法。这是设计思维最显著的特点，无论是艺术设计师还是工业设计师，都是通过非线性方法发现和解决问题的。他们可以在短时间内设计出解决方案，制作简单的原型，再在这些原始解决方案的基础上，根据大量的外部反馈继续迭代，然后得到最终的解决方案。

第二，以人为本。与传统思维不同的是，设计思维是以人为本的设计态度和方法，是概念生成、构造和实现的过程。这个过程考虑人的需求和行为，设计思维始于人、人的渴望和需求，理解消费者，从中获得灵感，并以此作为起始点寻求突破式创新。

第三，要求设计者自身的全情投入和自我激励。这体现了设计思维者的特征，设计思维是一种心态，强调设计者自身有着社会性、责任性及积极性的特点。要求设计者能全情投入，有承担风险的勇气，时刻准备面对失败并展现出努力的姿态。这种姿态也体现在采用设计思维的相关机构的企业文化里。

总的来说，设计思维是一个以人为本、具备普遍适用性和跨学科跨领域的方法，是一种可以发现问题解决方案、并以多种方式激发创新思维的途径。

☆创新案例 3-1　海盗船 CT 机

GE 公司医用成像设备设计师道格·迪兹在医院目睹了令他吃惊的一幕：一个小女孩在接受 CT 检查时被吓哭了。经过调查，他发现：医院中近 80% 的儿科患者需要服用镇静剂才能完成 CT 检查。对孩子们来说，神秘的 CT 机意味着"未知的恐慌"。

运用设计思维方法，道格·迪兹团队重新设计了儿童 CT 检查的体验。他们将 CT 设备设计成海盗船的模样。在孩子进入 CT 机时，医生宣布："好了，你现在要进入这艘海盗船，别乱动，不然海盗会发现你的!"经过测试，超八成的儿童患者会主动选择海盗船 CT 机。刚做完检查的小女孩甚至问："妈妈，我们明天还能来吗?"

通过墙面、地面、道具与游戏化的引导语言配合，CT 机检查房变成了"海盗船体验馆"，形成主题化的趣味场景。对儿童而言，严肃、恐怖的医疗检查变成了一次游戏、一次探险。

海盗船 CT 机案例充分体现了以用户为中心的解决问题思路。该成果在满足了儿童患者需求的同时，提高了医院的检查效率。

(资料来源：纽约-儿童医院设海盗主题 CT 室颇受孩子欢迎[N/OL](2013-08-26)
[2021-04-30].中国日报网.)

四、设计思维有哪些通用原则?

设计思维流程自然很重要,每种模式都有经过验证的特定工具及投入、产出和固定活动。

从思维方式的角度来看,设计思维就相当于一套综合的理念和态度,它有一些基本(通用)原则。设计思维方法和理念的通用原则包括以下5个方面。

(1)以人为本。从以产品和技术为中心,转变为以价值、体验和人们的需求为中心;尽管产品和技术也是满足客户需求的重要手段,但是它们的角色应该是推动解决方案的生成,从而满足客户需求。

(2)跨学科、求协作。使用不同背景和培训经历的团队,团队成员应该对不同的观点和能力持包容态度。虽然团队构成在整个项目进程中应尽量保持不变,但有时在特定的模式或活动中吸收一些组织外的成员,未必是件坏事,如客户、供应商,或其他学科的专家。

(3)整体格局。对看似毫无关联的想法,应发现和思考它们的关系、交互和联通。灵活对待不确定性,设计思维最适合解决界定不清的问题和机遇,这种方法对内容和手法都有很高的灵活性要求(如各模式和阶段根据需要进行迭代)。

(4)多模式沟通技能。积极地进行各种方式的沟通,包括语言沟通、视觉沟通和触觉沟通。设计思维者在描绘和制作原型时,不应该受能力或技巧的限制。

(5)学习的心态。愿意测试自己的创意、概念和原型,把测试看作学习的契机,不惧失败。

五、如何将设计思维运用于创新领域?

设计思维作为一种高效的、可广泛采用的全新的创新式思维方式,应当能被整合到从商业到社会的所有层面中去。

(1)经营一个跨学科团队。只有当你拥有这样一个跨学科团队,团队成员有不同的技能组合与经验,并努力实现同一个目标时,你才能真正达到创新的目的。

(2)成为一个促进者和调解员。在你的团队中扮演促进者和推动者的角色,给他们更大的空间去展现他们的热情、才华、创新和活力。

(3)挑战并信任团队。相信团队可以拿出正确的解决方案,挑战并鼓励他们去想象更加疯狂与创新的解决方案,给你的团队成员时间与机会施展和发展他们的技能。

(4)促进学习与探索。设计思维与创新都需要对新领域的探索与真理的学习,让学习与探索成为每个人的必然。

(5)针对不确定性做计划。设计思维过程好比在未知水域中旅行,有很多意想不到的事情可以影响你的计划,只有当你有能力对计划范围进行重构并实现迭代时,团队的研究才有可能发现不可预见的机会。

(6)促进创新流程的意识。创新团队要熟悉创新流程,还要乐于接受挑战与新的视角。

(7)培育一种创新氛围。不断地保持团队创新的活力,为尝试新的工具和方法实现留有

余地,为创造性思维提供创新空间。

☆创新案例3-2　SAP如何用设计思维驱动创新

SAP是全球领先的企业商务应用、IT服务、商务分析、云数据、移动商务和数据库技术的提供商。全球120多个国家超过19 300家用户正在运行着60 100多套SAP软件。全球50家大的石油企业、20家大的医药公司、18家大的化工公司、19家大的电信公司、每家大型汽车制造商、前50强银行中的60%、最大的7家航空公司中的6家、最大的7家计算机公司中的6家等都是SAP的用户。

移动终端的普及与应用软件的百花齐放让终端用户变得越来越挑剔,海量数据又把企业的正常IT运行带到无比繁杂的深渊。此时,传统管理软件企业已经意识到,他们面临着创新的关键时刻,用设计思维重构业务和用户体验。

早在2010年,SAP就在内部提出要推广"设计思维",2013年,SAP更是在各种场合强调设计思维。前SAP执行董事会成员史维学曾透露,SAP正通过设计思维重构其业务,包括用户体验、商务套件、产品、云和行业。SAP设计用户体验高级副总裁阎善俊说:"所谓设计思维,是在业务需求、技术的可能性以及人的因素当中达到一个平衡,让用户在使用系统和服务时,能够得到非常棒的体验。"

尽管设计思维通常被认为是一个概念化的思维模式,但是它给SAP的客户带来的价值已经显而易见。SAP中国消费品行业总监梁威认为,设计思维在帮助他们拓展业务方面发挥了重要的作用。他们和客户一起通过设计思维,以客户之旅的方式把潜在的散落需求整理出来。特别是在变化快速的消费品行业,只有靠这种方式才能把埋藏在各个环节的需求挖掘出来。

(资料来源:InnoFace. SAP如何用设计思维驱动创新?(2015-08-10)[2021-04-15].豆瓣网.)

主题2　消费者画像

一、什么是消费者画像?

在商业应用领域,消费者画像可以用来定位理想用户,帮助设计师始终围绕理想用户探索和开发解决方案。消费者画像是以真实人类的行为和动机为基础的对理想用户或最终原型用户的具体化表现。

通过创作消费者画像,设计师可以与用户建立联系,产生同理心,站在用户的角度审视产品。这项工作应该与设计流程同时展开。作为用户的具体抽象化表现,我们可以对消费者画像进行小范围的迭代,但如果每次改动内容太多,就会导致整个设计流程前功尽弃。

二、购买者画像和逆画者画像对商业运营而言有何区别?

消费者或用户画像在商业设计中非常重要,它为产品开发和市场营销指明方向。

与消费者画像对应的非消费者画像也需要考虑到。这里重点介绍购买者画像和逆画像。

购买者画像指的是那些做出购买决定，却不一定使用产品的人群。例如，航空公司买了一架飞机，驾驶员代表的就是用户画像，乘客代表的是另一种。在购买过程中，公司可能会参考驾驶员的意见，但是购买决定却是由公司中的业务决策者做出的，这位决策者代表的就是另一种画像。购买者画像对采购决策有着完全不同的考量。例如，购买者会考虑经济、载客量、维护成本、飞行范围、燃料效益等因素。在面向儿童的产品中，也会出现购买者和用户的差异。比如家长作为购买者，会考虑儿童的安全、购买成本，以及能否退货等方面的因素。对购买者进行画像，可以确保产品完全满足他们的考量。购买者和用户可能是同一个人，也可能是不同的人，这取决于产品的性质。

逆画像描绘的是产品的非目标用户。设计师通常会同时制作用户画像和逆画像，以便区分目标人群和其他人群。例如，某款高端数码单反相机的目标人群是专业用户和摄影师。对这款专为专业人士设计的相机来说，专业用户就是这款相机的用户画像，而业余用户就是逆画像。相机的商标、内存、相机包用户手册等也都是专为专业人士设计的；那些对用户画像群体属于偶发或边缘情况、对逆画像群体却属于常见情况的设计都会被忽略。边缘情况是指影响部分或全部用户的偶发体验。我们还以逆画像在相机产品中的作用为例："如果用户不清楚相机的基本操作怎么办？"对于用户画像群体来说，这个问题就是边缘情况；对于逆画像群体来说，它却属于常见情况。那么，设计师在设计产品时，就会自动忽略这一问题。

三、如何把握不同阶段的消费者画像？

在设计阶段。对于设计者来说，消费者画像是界定问题的基础，他们会根据画像确定用户群、制订解决方案参数、避开常见的设计误区，只为单一群体设计。设计者经常会根据工作经验和行业知识对用户群进行推断和设想，而画像的作用就是帮助设计者从用户的角度看问题。

在创意或概念生成阶段。设计团队经常会借助头脑风暴和场景展示等工具来生成和寻找创意，因为头脑风暴是指尽可能地排除可行性限制或考量，鼓励自由创意。头脑风暴可以促进交流，再加上正确的消费者画像，设计者们容易产生创意。场景展示的主角就是消费者画像，场景展示是指将故事视觉化，它是结合使用消费者画像和其他设计工具的例子。设计者经常使用场景展示来视觉化地说明问题或解决方案。

在开发阶段。清晰的消费者画像可以让设计者和工程师对用户和解决方案达成共识。消费者画像就为工程团队提供了背景环境信息，帮助他们更好地理解设计文件。消费者画像的另一个好处是组织工程和设计团队就设计过程中的难题——边缘情况展开讨论。如果边缘情况对画像群体来说很重要，那么它就应该被纳入设计中。例如，商用飞机的驾驶舱是专为技术和经验都非常丰富的飞行员和机组人员设计的。客舱服务人员和乘客不可能去操作其中的控制部件。因此，飞行员就是设计者们应考虑的画像对象。像缺少有资质的飞行员这种边缘情况，并不属于可行的操作情况。智能手机应用程序需要考虑的典型边缘情况是："如果没有网络怎么办？"这个问题的答案取决于应用程序的用户画像。如果没有网络，

手机浏览器的功能就会变得非常有限,这是因为设计者确定他们的目标用户都很清楚网络对浏览器的意义。

消费者画像明确界定了目标市场,从诞生到推广阶段不断地对产品进行调整。购买者画像推动了销售和市场部门与设计团队的协作。向企业中的高层或潜在投资者(比如初创企业)介绍一项产品概念时,我们需要传递抽象的、基于情境的信息。消费者画像可以让决策者从用户的角度看问题,站在真实的情境中评估产品概念。

四、创作消费者画像的基本步骤是什么?

第一步,确定目标市场(用户群体)。创作消费者画像的第一步是确定和选择一组用户群作为研究对象。只有选对了细分市场中的用户,才能获得有用的消费者画像。在实际工作中,企业一般都是通过二手资料、数据研究和内部记录或通过小规模实验研究建立多个消费者画像的。

第二步,收集信息。在理想情况下,通过人种学研究和用户访谈等初步研究收集和整合实际人群及体验信息,然后创作画像。人种学研究是用户访谈、观察性研究、用视频记录用户使用产品的过程及用照片记录使用环境(如果有条件)等方法对在使用产品的用户进行深入的定性研究。这些方法让人种学研究变成了一种可靠的信息来源,将行为反馈和用户问题展现在我们面前。

第三步,整合研究信息。根据常见用户问题,信息分类这项工作通常由一支信息面比较广的设计团队来做,这样所有的设计师都有机会直接了解研究信息,也方便设计者们创建消费者画像,掌握用户模型。一般来说,研究者需要从用户反馈中发现规律并归纳成集群,然后根据常见用户问题进行分类。研究发现,来自不同市场板块的用户会反馈相似的问题。

第四步,设计团队对研究记录进行整理,对集群进行融合,最终创作出一系列消费者画像。团队成员需要从集群中找出主要显性特征或共有特征。这个显性特征就是最终画像的基础,前提是显性特征的对象不能是单一的、真正的个人。

此外,还需要找出受用户问题影响的对象某些具体的特殊属性,然后把这些属性融合到画像中。例如,某个测试对象集群的一项重要属性是生活忙碌、活跃,那么,根据这一集群创建的画像就必须具有同样的特性。虽然在这里讲的是用户画像,但是这些道理也同样适用于必须以信息为基础的非用户画像。多个问题集群汇总成画像,而画像的优先次序决定了哪些是消费者画像,哪些是逆画像。我们要注意区分购买者画像和用户画像,这一点可以通过独立的人种学访谈实现。

☆创新案例3-3　绿山咖啡公司为你解决一杯咖啡的痛

从消费者的角度出发,当用户痛点和解决方案两者高度吻合时,往往能够为用户以及企业自身带来巨大的价值。

我们经常可以在美剧中看到这样一幕:家庭主妇每天早晨起床很匆忙地为家人煮上一杯咖啡。在准备咖啡的过程中,我们可以观察到很多痛点。

一个美国家庭平均每天大约消耗19.1杯饮料。其中,排名第一的饮料是自来水,占5

杯多;排名第二的是碳酸饮料,也就是我们非常熟悉的可乐,大概占 5 杯;排名第三的是咖啡,占 2.48 杯。咖啡是美国家庭中一个非常大的饮料类别。请思考,在准备咖啡的过程有什么样的痛点?

第一,咖啡的准备过程非常复杂,而清洗杯具也很麻烦。一杯咖啡从准备到最终能喝上的时间非常长,而我们都知道,早晨的时间尤其宝贵,清洗杯具的过程也非常麻烦,大家喝完咖啡都不愿承担清洗工作。

第二,传统的咖啡口味单一。准备一大罐咖啡之后,不管家庭成员是否愿意,每个人一杯,都是一种口味,没有选择。还有一个问题,如果这罐咖啡喝不完,咖啡无法回收,也会产生相应的消费。

我们再来看看传统的咖啡制作壶。在准备过程中,咖啡壶会提示你制作咖啡需要几步,它会告诉你在这一步需要加入两调羹的咖啡以及 6 盎司的水。两调羹的咖啡到底是多少,6 盎司的水到底是多少,很多用户没有概念,所以这样就会造成每次要么咖啡放多了,要么水放多了,每次咖啡在品质上都会有细微的差异。

针对这些痛点,绿山咖啡公司提出的解决方案是什么呢?

针对痛点一:等待时间和清洗麻烦。提出了"胶囊式单杯咖啡"的解决方案,把咖啡分入单个胶囊杯,用户只需把这个胶囊杯放入咖啡机,然后选择全杯或半杯模式,10 秒之内就可以喝上咖啡。喝完咖啡之后,只需把空的胶囊杯丢弃,根本不需要任何后续清理工作。

针对痛点二:口味单一。绿山咖啡对咖啡机进行了特别的设计。每个胶囊杯都可以是不同的口味,也就是说每个家庭成员在早晨都可以选择不同的咖啡口味,甚至可以选择其他热饮,像可可和茶。目前,绿山咖啡公司已经和几乎每一个大的热门品牌进行合作,现在它的口味数量已经超过了 200 种。

绿山咖啡公司的创新之举对咖啡行业也带来了一个巨大的价值重构,在整个行业的停滞状态下,单杯胶囊式咖啡机的销售数量却从 2004 年占比 5.5% 提升到 2010 年占比 19.4%。也就是说,绿山咖啡公司不但为自己开辟出一片天地,也为整个行业开辟了巨大的空间。

(资料来源:龚焱. 精益创业方法论[M]. 北京:机械工业出版社,2015.)

主题 3　客户体验地图

一、什么是客户体验地图?

对企业而言,市场竞争日益复杂,用户掌握的信息越来越多、要求越来越高,谁掌握客户,谁将笑到最后。因此,重视完整客户体验是企业决胜市场的核心所在。

完整的体验就是客户对产品或服务的评价、满意度、忠诚度和口碑,这些都是企业生产产品或服务的目标。问题在于,传统的新产品开发流程和营销研究只会列举一堆大家已经了解的需求或产品属性,忽略了客户体验等重要方面。这些方面也许就是企业创新的灵感来源。换句话说,新产品开发流程的关注点(设计更好的体验与设计更好的产品)决定了整

个流程的收益。

　　体验地图(Experience Map)就是了解完整客户体验并把它融入新产品开发创新过程的主要办法,有时也被称为旅程地图(Journey Map)或体验蓝图(Experience Blueprint)。它可以帮助我们了解、整合和生成有关完整客户体验的信息。体验地图的目标是为产品设计和创新搭建一个基于体验的跳板,作为设计思维工具箱的一部分,体验地图与设计思维流程中的其他方法有着直接联系,比如消费者画像、创意生成、利益相关者价值交换等。

　　用户体验地图是用户体验产品的一个线路地图,由两部分组成:用户体验产品的路径和其路径上所有节点的行为。即从用户进入到触达产品核心服务的一个完整的路径,再加上其在这条路径之上的每个节点可能产生的行为,共同构建而成的一个地图。用户体验地图的核心理念是用户思维,即必须要求产品人站在用户的视角去看产品。

二、客户体验地图有什么作用?

　　借助客户体验地图及相关痛点寻找用户体验改进机会,这一点要通过重新构造环境,这样就能构建一个有利于用户的环境。确定了痛点之后,团队可以调整现有的体验地图,或者制作一份全新地图,把改善用户体验所需的改变都包含进去。这份新地图就是后续开发、测试、制订和执行解决方案的基础。

　　客户体验地图起到了把痛点转化成机遇的关键作用,一方面需要掌握足够的信息;另一方面也需要他们换个角度看待解决方案,即观念转换,包括从其他利益相关者的角度看待体验,开拓思维看待全新用户体验的可行性,以及对用户重视的性能进行量级改进。这里需要多问"为什么"和"如果",以及善用探索技巧,比如发散思维和追根究底。

　　完成了上述步骤之后,就可以设计一个能够提升用户价值的全新解决方案。根据体验地图,掌握了关键的用户痛点,也确定了缓解或消除这些痛点的机会。于是,可以通过头脑风暴和其他有效方法(比如场景展示、角色扮演、讲述故事、类比思维和初步原型)展开新的解决问题方案的构思工作。有了明确的概念,就可以重新设计用户体验来增加用户获得的利益,这不仅可以修改原有的体验地图,通过全新的概念让团队脚踏实地地向着改善用户体验的目标前进,还可以通过思考新概念可能会给用户体验造成的潜在改变,发现新概念中欠缺的重要内容。

　　为了弥补不足并确定解决方案的价值和可行性,项目团队必须让用户和其他关键的利益相关者对方案进行测试、改进和评估。这一过程不需要多正式或者明确的体系,至少在初期不需要,也不需要一次性完成。但是,用户和利益相关者应尽快参与进来,并且随着方案的成熟进行迭代。

三、客户体验地图有哪些关键要素?

　　客户体验地图包含的关键要素主要有客户角色、客户目标与预期、服务触点、客户体验路径、情感触发曲线等。

　　客户角色主要需要弄清楚你产品的用户是谁? 他们会有哪些特征? 等等。比如得到

App,用户是你我这种时间零碎,但又渴望提高自己的人,这类人有一定的文化知识和能力,但时间少、要求高、焦虑、渴望别人认可。

客户目标与预期则需要了解用户使用你的产品的目的,满足了他的什么需求?以及他对你的产品有何期望?比如简书将目标用户分为两类:一类是想来写文章,将自己的想法、经验分享给别人;另一类是想看文章,阅读别人的故事、吸取别人的经验教训。简书用户的目标就非常明确,即写文章和看文章。自然,用户的预期肯定是可以快速、便捷地写文章和看自己喜欢的文章。

用户体验则是指需要明确在产品路径上哪些节点是需要提供服务的,这些节点就是服务触点。这个服务是符合用户预期,还是超出用户期待?比如入住酒店时,预订是一个服务触点,进入酒店是一个服务触点,登记入住是一个服务触点,坐电梯是一个服务触点,进房门是一个服务触点,吃早餐、退费、等人均是服务触点。

客户体验路径即用户体验你产品的路径。是否符合用户的认知?是否让用户顺利地走到目标点?路径是否够便捷?路径出错时,用户是否可补救等。用户体验路径与服务触点还有所区别,还是用住酒店的例子来说。用户从预约酒店,到抵达酒店门口,进入房间入住,再到退房,最后离开酒店,这个是用户体验路径;而用户到酒店门口,由服务员接送,这是一个服务触点;登记入住时,由前台帮忙登记,这又是一个服务触点。

情绪触发曲线是描述用户在其对产品的目标驱动之下,体验你的产品的路径过程中,整体的一个情绪变化曲线图。横轴是用户体验路径和服务触点,纵轴是用户情绪变化(主体可分3类:好、一般、不好)。还是以酒店的例子,用户到达酒店,位置好找,路平坦,那这个体验路径就是好;到达酒店门口,如果有人接送,有人提行李,那这个服务触点也是好;如果登记时等了15分钟以上,那这个服务触点就不好。

四、如何做好客户体验?

要想让体验地图发挥作用,推动创新型解决方案的诞生,还是要进行一些特定活动。

首先是使用用户画像。虽然给每一类用户单独制作体验地图难度较大,但还是应该为最具相关性的特定用户类型和使用环境设计原型地图。因为这些地图可以描绘出这些用户画像的典型体验,反映了用户研究中的关键点。虽然用户画像和客户细分看似相像,但前者是基于体验信息合成的信息以及用户体验程度。我们很难只用一幅用户画像概括团队掌握的所有研究和用户信息。当然画像数量太多也是个问题,因为用一个解决方案来满足所有用户的需求是不现实,也是不科学的。但画像数量又不能太少,否则有可能错过潜在的改进机会。所以,一般以创建3~10个用户画像来反映和框定用户体验和使用环境为宜。

其次是开展团队协作。制作体验地图,首先需要团队协作为体验地图设计一条时间线,然后,根据这条时间线,添加用户体验。如果团队需要更多关于用户体验的细节,他们可以随时参考体验地图,直击需要研究的具体步骤。

最后就是考虑体验环境和可视化问题。用户旅程所处的周边环境也是要考虑的。在旅程中,用户可能会和其他人、信息、实体、支付服务等内容互动,根据体验的具体内容,我们可以更深入地了解为什么目前的用户体验与理想情况仍有差距,以及如何缩小这一差距。我

们将上述成果制作成一份清晰、可用的视觉化地图,并附上相关说明。

☆创新案例3-4　得到App的用户体验地图

得到App,国内一款著名听书软件,旨在为用户提供"省时间的高效知识服务"。2016年5月上线,提倡碎片化学习方式,让用户短时间内获得有效的知识。用户体验者邢小作的用户体验地图如下。

1. 用户角色

用户体验者:邢小作——基本信息、生活环境、工作环境、个性标签,如图3.1所示。

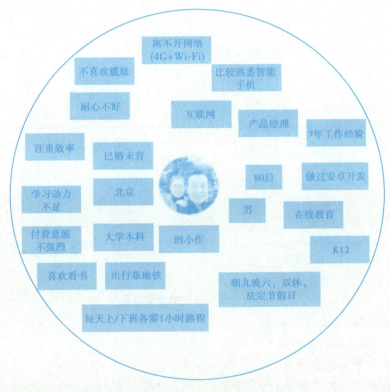

图3.1 用户基本状况

2. 用户目标与预期

用得到App的目标:想利用上下班的空闲时间学习提高自己,以便更好地完成工作,找寻存在感,实现自己的价值。

其对得到App内容的预期:浓缩、精干,可引发思考。

对得到App产品的预期:走路或地铁可学习、移动网络顺畅学习。

3. 用户体验路径情绪曲线图

(1)情绪曲线图一:注册用户

情绪曲线图如图3.2所示。

Step1:注册。服务触点:新人礼包(5个知识点+5本电子书)、新人券(10/20元)。

Step2:进入首页。服务触点:免费专区(日更且免费的逻辑思维和李翔知识内参)。

Step3:进入"今日学习"。服务触点:日更且免费的逻辑思维和李翔知识内参、猜你喜欢、试读专栏/大师课。

Step4:收听学习免费的内容。服务触点:学习记录、0.1元7天VIP电子书特权。

Step5:订阅专栏/大师课等。服务触点:免费试读(2~10节)、新人券(10/20元)、必须冲指定金额购买。

Step6:听专栏/大师课等。服务触点:30个名额免费请朋友读、学习记录。

Step7:分享得到App给朋友。服务触点:被分享者加入奖励分享者10元券,同时被分享者也有新人券。

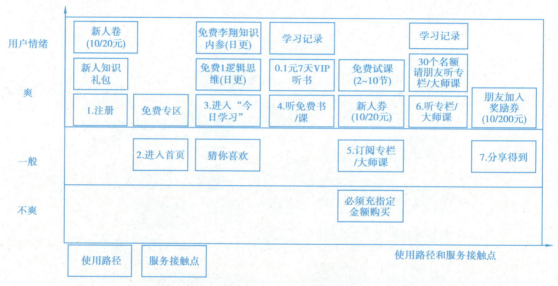

图3.2　注册用户情绪曲线图

(2)情绪曲线图二:非注册用户

非注册用户情绪曲线图如图3.3所示。

Step1:随便看看。服务触点:无。

Step2:进入首页。服务触点:免费专区(日更且免费的逻辑思维和李翔知识内参)。

Step3:进入"今日学习"。服务触点:日更且免费的逻辑思维和李翔知识内参、猜你喜欢、试读专栏/大师课。

Step4:收听学习免费的内容。服务触点:学习记录、0.1元7天VIP电子书特权。

(资料来源:邢小作.用户体验地图-得到|产品思维[EB/OL].简书网.)

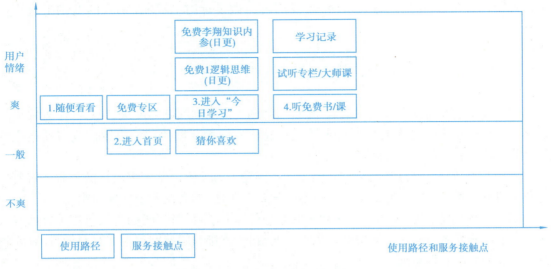

图 3.3 非注册用户情绪曲线图

主题 4 设计创意与设计启示

一、设计创意从何而来?

设计的本质就是创意。然而,创意并不是"呼之即来,挥之即去"的东西,相反,它需要设计者平日里点点滴滴的积累才能形成。好的设计创意从何而来?

一是知识与技能的积累。所谓厚积薄发,如果没有点滴积累,做设计的时候,自然而然就会遇到类似"书到用时方恨少"的情形,为避免这种情形发生,平时应注意知识的积累。

二是观察、联想。生活中处处都有创意,就看你有没有一双能够发现创意的眼睛。其实,很多创意都是源自平时细心的观察。在做设计时,如果只是埋头于书面文字,那么只会被弄得焦头烂额。设计者应该抬起头来,密切地去观察周围,说不定很快就能从中想到一个非常棒的方案来了。

三是培养质疑精神。人们眼睛所看到的,最终不一定都会被接收,它们需要一个被思考、消化、吸收的过程。这一过程中,最重要的一点就是产生疑问。当看到一个事物的时候,脑海里常常会提出这样的问题:"这个东西为什么要这样做?""这样做的好处是什么?""这样做想表达什么?"……而提出这一系列疑问的时候,也就是一步步靠近一个东西的创意之处。

四是不断地交流与沟通。不断地去看、去听、去领悟,慢慢地就会形成一套自己的观念,但你并不知道在这套观念里有没有不正确的地方。这时,就需要去与其他人交流、沟通,需要将自己的思想去与其他人的思想进行碰撞,这样才能产生更美妙的火花来。

五是孜孜不倦地探索。为什么有时我们无法从大众里脱颖而出?那是因为我们在想着大家都在想的问题,做着大家都在做的事。要想和别人不一样,就要去做一些不一样的事情。我们已经看了很多相同的东西,当我们自己做设计时,就要在别人的基础上进一步创新。

二、创意产生的思维过程是怎样的?

创意开发过程则常常以问题为起始点,从问题的提出到问题的解决,经过一系列促进问题解决和逐渐趋于问题解决的中间步骤。一般认为创意开发活动的思维过程包括四大阶段,即发现问题、了解情况、深入思考和实践验证。

一是发现问题。创意开发活动开始于发现问题。为了解决发展中出现的矛盾才需要进行科学研究。所以科学研究的第一步就是善于认清矛盾,或者说善于发现问题。

二是了解情况。提出问题后,必须对问题进行深入了解,对问题的背景与相关方面有所认知。创意开发者对问题的解决必须依据事实材料,直接和间接取得事实材料皆可,重要的是让问题的解决有根有据。

三是深入思考。在掌握已有材料的基础上对其进行提炼,展开思考,得出解决方案,一般有 5 种类型的思考模式(见创新聚焦 3-1)可以帮助我们深入思考。

四是实践验证。实践是检验真理的唯一标准。在第三阶段产生的假说或初步理论、结论的可靠程度还需实践检验,视实际效果而定。创造成果的价值也只有从实践检验的效果中来确定。

☆创新聚焦 3-1　人类的 5 种思考模式

(1)比较、归类与类推。即根据一定的标准,用比较的方法,找出事物间的相同和相异之点,然后进行归类,再根据归类进行类推。

(2)分析与综合。对事物的单个属性或性质进行分析,然后在分析的基础上重新加以综合,借以找出事物的本质特点。

(3)归纳与演绎。归纳是从个别事物推理出普遍规律,而演绎则是从普遍性规律推广到个别事物。二者都运用逻辑推理,把对事物的认识引向深入或扩大认识的广度。

(4)抽象与概括。抽象是在思想中抽取事物的本质属性。概括是把从事物中抽取的本质属性,推广到具有这些相同属性的一切事物,从而形成关于这类事物的普遍概念。科学的概念、范畴和一般原理都是通过抽象和概括而形成的。

(5)想象与假设。在掌握事实材料的基础上,对未知事实做出大胆假设,并按照一定方向进行求证。假说虽不一定能够马上得到证实,但它在科学研究的过程中却很有价值。科学上的发明创造大都萌生在合理的假说中。

(资料来源:杨德林,王玲.创意开发教程[M].北京:经济科学出版社,2018.)

三、什么是设计启示?

设计启示是生成创意的一个通用工具,它的作用是帮助生成创意。目前常用的有 77 种设计启示,每一种启示都有自己的名称和说明(见延伸阅读),它们可以印在大小约 10 厘米×

15 厘米的卡片上,并配抽象插图,展示了该启示不同的应用场景。图 3.1 就是一种设计"启示卡",插图中有一个座椅设计的案例,设计师们对这把椅子进行了精彩的改造,通过设计启示卡的引导,设计师们利用开发新概念、完善和延伸现有概念等方式来发挥作用,每种启示都带来了新的可能,并运用每一种启示解决他们遇到的新问题。

卡片背面是两种现有消费品,展示了该启示卡在不同背景下的应用,其中左边是针对启示卡的信息对一把椅子进行改造。在这个设计启示中,给出的建议是"让反面也发挥作用",从而增加产品的功能。例如,我们可以在一个置物架的顶部放置物品,但是,我们也可以把置物架的背面利用起来,比如增加几个挂钩。这一启示的目的是引导设计者留意产品上的未使用空间,考虑是否可以把它们改造成产品功能的一部分。在两个用作例子的产品中,鞋带通常都是系在鞋面上的,但是设计师却把它固定在鞋底,这样鞋子就更贴合脚部。

每张启示卡的正反面都印有关于该启示的信息,如图 3.4 所示。

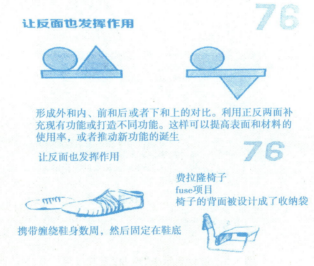

图 3.4　设计"启示卡"

四、如何使用设计启示?

首先,我们要选定一个需要解决的问题,比如"设计一把椅子"。我们可以参考设计启示中"弯曲"的内容和实例:在标准的椅子设计中,利用"弯曲"元素获得新的设计。把每种创意都画出来,尝试在每款设计的不同部分应用"弯曲"元素,或者考虑使用不同的材料使之"弯曲"。

单靠这一条设计启示,就能想出千变万化的设计概念。我们选择 3 位设计师来验证:第一位设计师把材料(金属、木材或塑料)折叠弯曲,形成了椅子腿、座位、扶手和靠背;第二位设计师使用了一整条可以卷起来的材料,随意变成了座椅或躺椅;第三位设计师把圆筒弄弯,形成了一把舒适的椅子。

图 3.5 中,左图为"弯曲"启示卡为产品表面带来了变化,突出了轮廓感;右图为设计师们根据"弯曲"启示卡设计出的第三款椅子。设计启示为设计师提供了"灵感"或方向,为概

念生成提供了更明确的目标。与此同时，设计师们仍然拥有很大的自由空间，可以选择不同的部位、材料、角、形式，甚至功能，来打造"弯曲"元素。

如果目标是用户需求并且希望设计出相关概念，你可参考"根据人口特征数据进行调整"这一启示，或者考虑融入用户互动功能实现个性化定制。

总之，在这 77 种设计启示中，任何一种都能带你踏上一段奇妙的探索旅程。这些启示适用于任何问题，而且，反复应用或叠加使用这些启示，都会带给你更复杂的创意。总而言之，使用的启示越多，衍生出的变化越多，于是，你可利用这一方法获得一连串的创意。

设计启示卡的应用如图 3.6 所示。

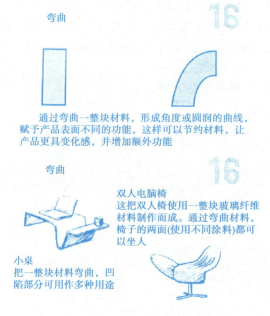

图 3.5　设计启示卡"弯曲"及其应用

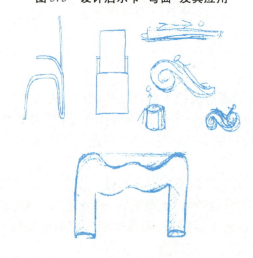

图 3.6　设计启示卡的应用

思考与练习

1. 创意产品设计训练。请根据以下这些产品的提示发挥创新,用设计思维的方法进行创意产品设计训练。

(1)便携式自行车设计灵感源自公园晨练的健身车。当下的上班族因为工作的限制,根本没有时间和精力锻炼身体,体质下滑严重,一天大部分的时间都坐在办公室里,显得枯燥无味,除了左手键盘就是右手鼠标,两条腿一直闲着,坐的时间久了总想出去走走,但又离不开岗位。这时候特制的便携式健身车就是一个完美的选择,放置在办公桌下,不管是工作还是休息随时随地可以运动健身,既不会影响工作,又能增添一份乐趣与充实。

(2)身带警笛的灭火器将警笛和标准的灭火器结合起来,目的是向救援人员和被困的受害者通知方位,并形成一条便捷的疏散路线,实现简单却非常实际和实用的创新。

(3)载人飞机飞翔一直是人类不断靠近的梦想。载人飞行器要求能够带人垂直上升,在空中停留 5 分钟再降落。飞行员可以控制它的俯仰、滚动和转弯。

2. 资料搜索:举例如何使用设计启示卡生成设计概念。

3. 选定一个产品或服务作为你的设计思维方向,你觉得应该如何着手准备?

4. 运用同理心理解身边同学学习或生活中遇到的困难,并描述出来。

5. 结合生活实例说说设计思考如何改变生活。

第 4 章　TRIZ 理论

您可以等待一百年获得顿悟,也可以利用这些原理十五分钟解决问题!

——根里奇·阿奇舒勒

学习目的

通过本章的学习,学生应达到如下要求:
1. 了解学习 TRIZ 理论的核心思想、对创新的指导作用及实践意义;
2. 理解 TRIZ 理论体系的基本架构、理论基础及应用原则;
3. 理解 TRIZ 理论分析中基本工具和知识工具的作用;
4. 了解 TRIZ 理论的解题步骤及其相应解题工具。

导入案例

如何让司机穿过校园的马路时低速行驶?

一条马路要穿过校园,于是问题出现了:怎样迫使所有通过该路段的司机全程都低速行驶呢?

方案一:把这段马路全都画上"斑马"线(花费很少,但是成效很差)。

方案二:把该地段的道路改造成波浪形(Z 字形)曲折道路(代价昂贵,却相对牢靠)。

最好的办法就是把两个方案的优点结合起来,使它们的缺点都消失,你有什么好办法?

在我们的生活中经常会遇到所谓的"萝卜白菜各有所爱"的问题。当土地面积一定的时候,有人爱吃萝卜,有人爱吃白菜,怎么办? 常规的解决方案可能是各种一半,或者让其中一些人妥协。那么到底有没有更好的办法得到最优的解决呢? 答案是肯定的,那就是使用 TRIZ(发明问题解决理论)。萝卜有用的部分是地下的部分,而白菜有用的部分是地上的部分。TRIZ 解决问题的思路是将有用的部分结合起来,去除无用的部分。如果种植一种具有白菜叶和萝卜根的蔬菜,那么就达到了满足爱吃萝卜和爱吃白菜的两个需求的目的。

运用 TRIZ 这种神奇的方法让我们来解决校园街道的问题,就使问题变得很简单了,即在普通道路上画上扭曲的斑马线,使它看起来就像波浪路面上的斑马线一样,司机们大脑中的条件反射精确地产生着作用,达到了费用和效果的最优结合。

主题 1　TRIZ 理论概述

一、TRIZ 理论对创新有何指导作用?

TRIZ 理论是苏联发明家、教育家发明的。TRIZ 理论作为一种先进、实用的创新方法,早在冷战时期,使苏联在航空航天、军事、重工业等领域领先于世界,以较弱势的经济实力与美国抗衡成为超级大国;20 世纪末,亚洲金融风暴使韩国三星电子濒临倒闭,又是 TRIZ 使其获得新生,并迅速实现了从"技术跟随者"到"行业领跑者"的蜕变;近年来,TRIZ 成为世界 500 强企业跨越创新研发瓶颈的秘密武器,使新产品开发缩短 50% 上市时间,提升 60% ~ 70% 的开发效率,增加 80% ~100% 的专利数量,并大幅提高了专利质量。

TRIZ 理论可以帮助我们从一个全新的角度看待问题、思考问题和解决问题。应用 TRIZ 理论,能够有效地打破思维定式,扩展创新思维,提高创新能力。同时,TRIZ 又提供了科学的问题分析方法与工具,可以指引我们按照合理的途径,寻求问题的创新性解决办法。

TRIZ 理论的应用已经在实践中取得显著的成果。韩国的三星、美国的福特和波音、中国的中兴通讯、芬兰的诺基亚、德国的西门子等 500 多家知名企业中,TRIZ 理论的应用不仅取得了明显的经济效益,而且极大地提高了企业的自主创新能力。

☆创新案例 4-1　TRIZ 理论的企业应用

①福特汽车公司通过学习和应用 TRIZ 理论,公司技术人员发现利用小热膨胀系数的材料制造轴承,可以更好地解决推力轴承在大负荷时出现偏移的问题。

②美国波音公司邀请苏联的 TRIZ 专家,对其 450 名工程师进行了为期 2 周的培训,在 767 空中加油机研发的技术方面取得了关键性突破,从而在竞争中取得成果,战胜空中客车公司,赢得 15 亿美元空中加油机订单。

③某通信有限公司应用 TRIZ 理论,在计算机辅助创新平台 Pro/Innovator 对机顶盒天线连接问题和电磁兼容问题进行了创新性解决,不仅缩短了新产品研发周期,还节省了大量的研发经费。

④中兴通讯公司对来自研发一线的 25 名技术骨干进行了为期 5 周的 TRIZ 理论与方法培训,21 个技术项目在培训期取得了突破性进展。

二、什么是 TRIZ 理论?

TRIZ 是俄文音译 Teoriya Resheniya Izobreatatelskikh Zadatch 的缩写,英文全称是 Theory of Inventive Problem Solving,欧美国家缩写为 TIPS,中文意思为"发明问题的解决理论"。我国形象地翻译为"萃智"或"萃思",取其"萃取智慧"或"萃取思考"之义。

TRIZ 理论是一种经验性的、定性的、建设性的、通用的方法体系,在依托人们不同专业技术知识的基础上,激发出新的思路并且产生解决问题的方案。TRIZ 理论是从诸多已有专利中总结出来的,是根据矛盾类型和 TRIZ 工具来解决问题的。

第一,TRIZ 理论是一种经验性方法,因为它是从以往大量专利中提取矛盾类型和解决原理的,用它可以解决技术难题。

第二,TRIZ 理论是一种定性方法,当我们要创造或者改变某一客体时,是要根据其参数找到矛盾类型和解决方法,这是一个定性过程,而不是定量过程,不是以严格的数学公理为基础,或是从某些数据中导入数学公式得出解决方案。

第三,TRIZ 理论是一种建设性方法,它不排除人们的灵感,正如阿奇舒勒所说:"……针对性地寻找解决方法并不排除灵感,相反,整理后的思路更容易产生灵感。"同时,它又非常强调人们应该具有一定的专业知识。

第四,TRIZ 理论是一种通用的方法,这一点很好理解,也就是说它的使用范围比较广泛,适用于任何一个应用领域,可以"超专业地"研究和解决问题。当然,每一个人运用 TRIZ 解决问题的成效会不尽相同,这在很大程度上是取决于个人对基础科研知识的把握和对 TRIZ 理论知识的领悟。

TRIZ 的来源与内容如图 4.1 所示。

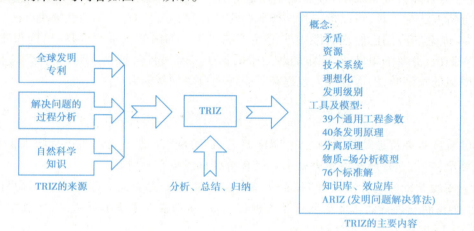

图 4.1 TRIZ 的来源与内容

三、TRIZ 理论的核心思想是什么?

TRIZ 理论的核心思想和理论基础是:

(1)在解决发明问题的实践中,人们遇到的各种矛盾以及相应的解决方案总是重复出现的。

(2)用来彻底而不是折中解决技术矛盾的创新原理与方法,其数量并不多,一般科技人员都可以学习、掌握。

(3)解决本领域技术问题最有效的原理与方法往往来自其他领域的科学知识。

TRIZ 理论实际上是发明问题解决理论。对常见的工程问题,我们用一般人都能想到的常规方法就能够解决,比如,如何让笔记本电脑在使用时操作方便(即键盘输入更加容易)?一般来说,常规的方法就是将笔记本电脑的键盘做得大一些。如果用这种常规的方法就可

以解决,则不需要 TR1Z。

有时我们解决方案在运用时却遇到了矛盾,比如笔记本电脑键盘太大又会引起另外一个问题,即携带不太方便,这让我们进退两难,即笔记本电脑的键盘既要大,又不要太大。一般工程师想到的解决方案是找一个最佳尺寸参数,将键盘做得不大不小。

而要完美地解决这一类有矛盾的问题,常规的解决方案不再奏效,需要一些比较巧妙的、一般人想不到的解决方案才能解决。用常规的方法解决时遇到了矛盾的问题就是发明问题。要解决这些发明问题就需要一些奇思妙想,而非一般的常规方法。而专利库中所记载的正是一般人所想不到的奇思妙想的集合。TRIZ 产生的最初目的是要解决这些发明问题,而对这些发明问题巧妙的解决方案存在于大量的专利中。用巧妙的方法而不是常规的方法解决发明问题的理论,就是 TRIZ。

四、如何区分发明专利的创新水平?

阿奇舒勒通过分析专利发现,各国家不同的发明专利内部蕴含的科学知识、技术水平都有很大的区别和差异。有的专利只是在现有技术系统的基础上进行了很小的改变,改善了现有技术系统的某个技术性能指标;而有的专利则是提出了一种以前根本不存在的技术系统。

在没有分清这些发明专利的具体内容时,很难区分出不同发明专利的知识含量、技术水平、应用范围、重要性和对人类的贡献大小等问题。为了评价一个专利的创新水平,阿奇舒勒把发明专利依据其对科学的贡献、技术的应用范围及为社会带来的经济效益等情况划分一定的 5 个等级加以区别,以便更好地推广应用。

第 1 级:多数为参数优化类的小型发明,一般为通常的设计或对已有系统的简单改进。这类发明并不需要任何相邻领域的专门技术或知识,问题的解决主要凭借设计人员自身掌握的知识和经验,不需要创新,只是知识和经验的应用。例如,为更好地保温,将塑钢窗加厚;用承载量更大的重型卡车替代轻型卡车,以实现运输成本的降低。该类发明创造或发明专利占所有发明创造或发明专利总数的 32%。

第 2 级:通过解决一个技术矛盾对已有系统进行少量改进。这一类问题的解决主要采用行业内已有的理论、知识和经验。解决这类问题的传统方法是折中法。例如在焊接装置上增加的一个灭火器、斧头的空心手柄等。该类发明创造或发明专利占所有发明创造或发明专利总数的 45%。

第 3 级:对已有系统的根本性进行改进。这一类问题的解决主要采用本行业以外的已有方法和知识,设计过程中要解决矛盾。例如,汽车上用自动传动系统代替机械传动系统;计算机使用鼠标;电钻上安装离合器等。该类发明创造或发明专利占所有发明创造或发明专利总数的 18%。

第 4 级:采用全新的原理完成对已有系统基本功能的创新,这一类问题的解决主要是从科学的角度而不是从工程的角度出发,充分控制和利用科学知识、科学原理实现新的发明创造,如第一台内燃机的出现、集成电路的发明、充气轮胎、记忆合金管接头,该类发明创造或发明专利占所有发明创造或发明专利总数的 4%。

第5级:罕见的科学原理导致一种新系统的发明、发现。这一类问题的解决主要是依据自然规律的新发现或科学的新发现。如计算机、形状记忆合金、蒸汽机、激光、灯泡的首次发明。该类发明创造或发明专利占所有发明创造或发明专利总数的1%。

发明创造的等级划分及知识领域如表4.1所示。

表4.1 发明的5个级别

发明级别	创新程度	知识来源	试错法尝试	比例/%
第1级	对系统中的个别零件进行简单改进的常规设计	利用本专业的知识	<10	32
第2级	对系统的局部进行改进的小发明	利用本行业中不同专业的知识	10~100	45
第3级	对系统进行本质性改进,极大提升了系统的性能的中级发明	利用其他行业中专业的知识	100~1 000	18
第4级	系统被完全改变,全面升级了现有技术系统的大发明	利用其他科学领域的知识	1 000~10 000	4
第5级	催生了全新的技术系统,推动了全球的科技进步的重大发明	利用知识不在已知的科学范围内,通过发现新的科学现象或新物质来建全新的技术系统	>100 000	<1

(资料来源:周苏.创新思维与TRIZ创新方法[M].北京:清华大学出版社,2018)

阿奇舒勒认为,第1级发明过于简单,不具有参考价值;第5级发明对于工程技术人员来说又过于困难,也不具有参考价值。利用TRIZ只能帮助工程技术人员解决第1级到第4级的发明问题,而对第5级的发明问题来说,是无法利用TRIZ来解决的。他曾明确表示:利用TRIZ方法可以帮助发明家将其发明的级别提高到第3级和第4级水平。

阿奇舒勒在分析专利的过程中,从不同的角度,利用不同的分析方法对这些专利进行了分析,总结出了多种规律,如果按照抽象程度由高到低进行划分,分别为:S曲线、进化法则以及40个发明原理、76个标准解、11种分离方法、科学效应库。

☆创新案例4-2 创新方法助力提升宁夏企业创新能力

自2011年以来,宁夏科技厅、人社厅、科协等多家单位紧密合作,先后争取国家专项资金800多万元,引导企业投入1 400多万元,围绕培养建立创新方法应用体系、培养创新方法专业人才、解决技术难题等方面,进行深入科研技术攻关。目前,初步建立了创新方法应用推广体系和基地,建成"园区+基地+企业"的工作网络,培训技术人员2万多人次,在全区100多家企业建立了创新方法应用推广机制,为企业解决技术难题400多项,申请专利300多项,直接产生经济效益2亿元。宁夏共享铸钢有限公司是国内唯一可批量生产重型燃气轮机配套铸钢件的高新技术企业,产品主要应用于三峡等国内外大型发电厂的发电机组。2015年,在自治区科技厅的帮助下,企业通过TRIZ、六西格玛、精益生产等多种创新方法的

融合,对模具结构进行有效改良,成功解决了水轮机叶片成型生产过程中极易造成的铸件变形、损坏这一关键技术难题。通过创新方法课题,每年节省费用4 000多万元。

卧龙电气银川变压器有限公司通过运用创新方法中的TRIZ理论,有效地解决了变压器器身定位、翻转、钟罩式油箱扣罩等关键技术难题,产品相继在朔黄线、沪昆线挂网运行以来,得到业内专家和用户一致好评,预计产品实现批量生产后,将为企业年新增销售收入达1.2亿元。

宁夏回族自治区通过不断深入推进企业运用创新方法,努力培养一批具备创新思维,掌握创新方法,应用创新工具的创新工程师和培训师,为企业提供定制化、模块化服务,在提升企业自主创新能力方面取得积极成效。

（资料来源:科技部网站,2017-8-16.）

主题2 TRIZ 理论体系

一、TRIZ 理论体系基本架构是怎样的?

随着TRIZ的不断发展和完善,TRIZ不仅增加了很多新发现的规律和方法,还从其他学科和领域中引入了很多新的内容,从而极大地丰富和完善了TRIZ的理论体系。如果从理论的高度来看,TRIZ的理论体系可以表示为一个屋状结构,如图4.2所示。

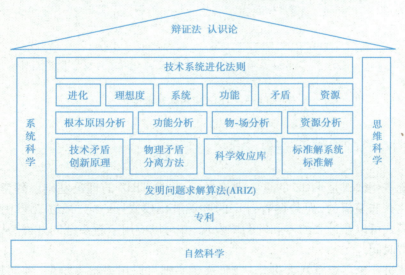

图4.2 经典的 TRIZ 理论体系基本架构

从图4.2中可知:
(1)TRIZ 的理论基础是自然科学、系统科学和思维科学。
(2)TRIZ 的哲学范畴是辩证法和认识论。
(3)TRZ 来源于对海量专利的分析和总结。
(4)TRIZ 的理论核心是技术系统进化法则。

（5）TRIZ 的基本概念：进化、理想度、系统、功能、矛盾和资源。

（6）TRIZ 的创新问题分析工具包括根本原因分析、功能分析、物场分析、资源分析和创新思维方法。

（7）TRIZ 的创新问题求解工具包括发明原理、分离方法、科学效应库、标准解系统和创新思维方法。

（8）TRIZ 的创新问题通用求解算法是发明问题求解算法（ARIZ）。

TRIZ 大致分为 3 个组成部分：TRIZ 理论基础、分析工具和知识数据库。其中，TRIZ 的理论基础对产品的创新具有重要的指导作用；分析工具是 TRIZ 用来解决矛盾的具体方法或模式，它们使 TRIZ 理论能够得以在实际中应用，其中包括冲突矛盾分析、矛盾矩阵、物-场分析、ARIZ 发明问题解决算法和功能分析等；而知识数据库则是 TRIZ 理论解决矛盾的精髓，其中包括 40 条发明创新原理、76 个标准解决方法和科学效应库等。TRIZ 应用体系框架如图 4.3 所示。

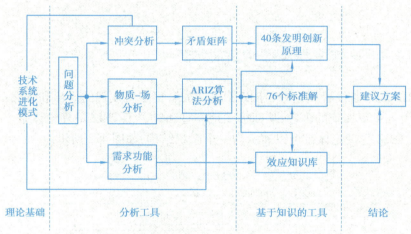

图 4.3　TRIZ 应用体系框架

二、TRIZ 的理论基础是什么？

技术系统进化模式是 TRIZ 的重要理论之一，也是 TRIZ 的理论基础。阿奇舒勒认为技术系统的进化并非随机的，而是循着一定的客观进化模式——向"最终理想化"方向进化。系统进化的模式可以在过去的专利发明中发现，并可以应用于新系统的开发，从而避免盲目的尝试和浪费时间。

技术系统进化论主要有八大进化法则，这些法则可以用来解决难题、预测技术系统、创造性地解决问题。

技术系统由多个子系统组成，并通过子系统间的相互作用实现一定的功能。子系统本身也是系统，是由元件和操作构成的。系统的更高级系统称为超系统。例如，汽车作为一个技术系统，轮胎、发动机、方向盘等是汽车的子系统。而每辆汽车都是整个交通系统的组成部分，因此对汽车而言，交通系统就是汽车的超系统。

阿奇舒勒发现技术的性能随着时间的变化呈 S 曲线变化，但进化过程是靠设计者推动

的,新技术的引入使其不断沿着某些方向进化。

　　TRIZ 中的 S 曲线如图 4.4 所示,S 曲线描述了一个技术系统的完整生命周期,图中横轴代表时间,纵轴代表技术系统的某个重要性能参数(如在"飞机"技术系统中,飞机的速度、安全性等都是其重要的性能参数)。

　　一个技术系统的进化一般经历 4 个阶段,分别是婴儿期、成长期、成熟期、衰退期。每个阶段都会呈现出不同的特点。

　　S 曲线描述了技术系统的完整生命周期及技术系统的一般发展规律,帮助创造者确定系统的发展阶段,并指导产品或技术设计和研发的方向,同时,S 曲线还可以为创造者在产品设计的各个阶段提供决策支持,引导人们在各个领域预见并解决新的问题。

　　当一个技术系统的进化完成 4 个阶段后,必然会出现一个新的技术系统替代它,如此不断地替代,实现产品的创新。例如,手机从单色屏到彩屏、从按键输入到触屏输入、从图形化界面到动画界面,每一次质变都是一个技术系统的进化过程,最终实现整个产品的不断进化。

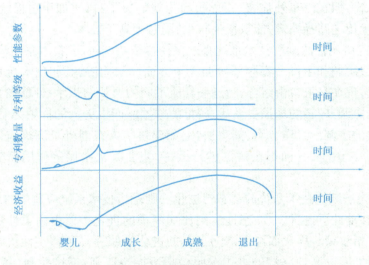

图 4.4　技术系统进化 S 曲线

三、应用技术进化模式需要遵循哪些基本法则?

　　技术系统进化发展的规律就是技术系统进化法则。技术系统发展的不同阶段会出现不同的进化特征,结合技术系统进化的 S 曲线,产品系统进化法则如图 4.5 所示。

　　TRIZ 理论的技术进化需遵循以下八大基本法则:

　　(1)技术系统完备性法则。一个完整的系统必须由 4 个部分组成:动力装置、执行装置、传输装置和控制装置。完备性法则体现在完备性、正常性、可控性 3 个方面。比如,帆船完成"货物运输"系统。帆船的运输系统是利用能源风能通过动力装置帆、传动装置桅杆、执行装置船体、控制装置舵,作用于对象水,其中控制装置舵控制着动力装置帆、传动装置桅杆和执行装置船体,这些都由外部水手控制。

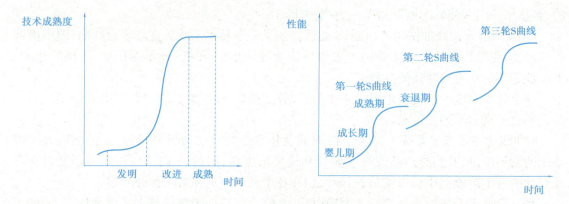

图4.5 技术成熟度和产品系统进化法则

（2）技术系统能量传递法则。即能量能够从能量源流向系统所有组件。技术系统的进化应沿着能量流动路径短的方向减少能量损失。比如，收音机在金属屏蔽的环境（如汽车）中就不能正常工作，但在汽车外加装一天线，问题就解决了；再比如用手摇绞肉机代替菜刀剁肉馅等，使能量传递路径缩短，能量损失减少，同时提高了效率。

（3）技术系统协调性法则。技术系统必须保持各子系统协调，技术系统协调性体现在结构协调、性能参数协调和工作节奏频率协调3个方面。结构协调，如积木玩具的进化，早期是只能搭的积木，现在是可自由组合、随意插合成不同的形状的积木；性能参数协调，如网球拍重量与力量的协调：较轻的球拍更灵活，较重的球拍能产生更大的挥拍力量，因此，需要考虑两个性能参数的协调。工作节奏、频率协调，如建筑工人在混凝土浇筑施工中，为了提高质量，总是一面灌混凝土，一面用振荡器进行振荡，使混凝土由振荡作用而变得更紧密、更结实。

（4）动态进化法则。技术系统的动态性进化法则是指技术系统应适用内外条件变化，具有结构柔性、可移动性、可控性。动态性法则比如门锁的进化按照提高柔性法则：挂锁→链条锁→电子锁—指纹锁。再比如地面清洁工具的进化按照提高可移动性法则：扫帚→洗车器→自动清洁机器人。又如路灯的进化按照提高可控性法则：直接控制（每个路灯都有开关，有专人负责定时开闭），间接控制（用总电闸控制整条线路的路灯），引入反馈控制（通过感应光亮度，控制路灯的开闭），自我控制（通过感应光亮度，根据环境明暗自动开闭调节亮度）。

（5）提高理想度法则。最理想的技术系统是指作为物理实体并不存在，也不消耗任何资源，但是能够实现所有必要的功能。例如，最理想的制动系统应不占用任何空间，不需要能量和资金，但是能够在任何需要的时间和场合实现其制动的功能。可以从增加系统的功能、传输尽可能多的功能到工作元件上，将一些系统功能移转到超系统或外部环境中，利用内部或外部的可利用资源四个方面考虑提高理想度。比如手机的进化，第一部手机于1973年诞生，重800克，仅有电话通信功能，现代手机仅重数十克，功能超过100种，包括通话、闹钟、视频、游戏、MP3、CPRS、录音、照相等。

（6）子系统不均衡进化法则。子系统不均衡进化法则是指技术系统所包含的各子系统都不是同步、均衡进化的，这种不均衡的进化经常会导致子系统之间的矛盾出现，而整个技

术系统的进化速度取决于系统中子系统的进化速度。通常设计人员容易犯的错误是专注于系统中比较理想的重要子系统，而忽略了其中的短板。比如自行车起先脚蹬是直接安装在前轮上的，自行车速度与前轮直径成正比，为提高速度，人们着眼于增加前轮直径；随着前后轮尺寸差异加大，自行车的稳定性变得很差，于是人们开始研究自行车的传动系统，在自行车上装上了链条和链轮。

（7）向超系统进化法则。已发展到极限的技术系统可以向超系统进化，即技术系统进化到极限时，实现某项功能的子系统会从系统中剥离，转移至超系统。在该子系统的功能得到增强改进的同时，也简化了原有的技术系统。技术系统的进化是沿着从单系统—双系统—多系统的方向发展。比如空中加油机，飞机长距离飞行时，需要在飞行中加油。最初燃油箱是飞机的一个子系统，进化后燃油箱脱离了飞机，进化至超系统，以空中加油机的形式给飞机加油。飞机系简化，不必再携带数百吨的燃油。

（8）向微观级进化法则。最初技术系统（执行装置）在宏观上进化，当资源耗尽时，就开始在微观上进化。这时技术系统的进化是沿着减小其元件尺寸的方向发展的，即元件从最初的尺寸向原子、基本粒子的尺寸进化，同时能够更好地实现相同的功能的进化路线可分三种情况——提高物质的可分性或提高混合物质的可分性、用场代替物质、向场增加物质或场的转变。比如鼠标的进化，电脑鼠标发展成光电鼠标、语音鼠标。

☆创新案例4-3　自行车的创新设计

一、设计目的

应用 TRIZ 进行自行车创新设计，解决自行车与公交系统的互补与延续。同时增加新的使用乐趣。

二、基本思路及创新点

交通覆盖的空白使人们在出行时产生不便这是一个典型的管理矛盾，那么现在要将这个管理矛盾转化成技术矛盾，即在减小自行车体积的同时不改变它使用时的基本形态，保证它的强度、稳定性和使用时的可靠性。查阅 TRIZ 矛盾矩阵表得到如表4.2所示的自行车创新设计解决方案矩阵表。

表4.2　自行车创新设计解决方案矩阵表

改善参数／恶化参数	12 形状	13 结构的稳定	14 强度	27 可靠性
S 静态物体的体积	7,2,35	34,28,35,40	9,14,17,15	2,35,16

从表4.2中可以看到，解决这个问题可以从2,7,14,15,16,17,28,35,40 号解决方案中找到方案。

查阅 TRIZ 理论解决矛盾的40个标准方法，得到：

2. 抽出：①从物体中抽出产生紊乱的部分或属性；②从物体中抽出必要的部分或属性。

7. 套叠法：把一物体嵌入另一物体，然后再嵌入另一物体中。

14. 曲线、曲面化法：①将直线、平面变成弯曲的形状，将立方体变成椭圆体；②使用滚筒、球状、螺旋状；③改直线运动为回转运动，使用离心力。

15.动态法:①自动调节物体,使其在各动作阶段的性能最佳;②将物体分割成既可变位又可相互配合的数个构成要素;③使不动的物体可动或相互交换。

16.部分超越法:所期望的效果难以100%实现时,在可以实现的程度上加大动作幅度,使问题简化。

17.多维法:①将做一维直线运动的物体变成二维平面运动;②单层构造的物体变为多层构造;③将物体倾斜或侧向放置。

28.机械系统的替代法:①用光学系统、听觉系统、嗅觉系统取代机械系统;②使用与物体相互作用的电场、磁场、电磁场;③场的取代:a.可变场与恒定场相取代;b.固定场与随时间变化的可动场相取代;c.随机场与恒定场相取代;④把场与强磁粒子组合使用。

35.性能转化法:改变物体的凝聚状态、密度分布、可挠度、湿度等。

40.复合材料法:用复合材料替代单一材料。

以上这些方法是解决静止物体体积的一般性解决方法,但作为自行车在普遍性的基础上,又有其特殊性。根据 TRIZ 理论中的系统完备性法则对自行车系统进行全面的认识,在这个系统中包含了动力装置、传动装置、执行装置和控制装置:动力装置——脚蹬,把人的生物能,转化为机械能;传动装置——链条、轴承、齿轮,传递机械能;执行装置——车轮,滚动使车行驶;控制装置——车把、脚蹬、车闸,控制方向和速度。

进而,又将自行车的系统分为子系统进行考察和研究,对得到九个标准解决方法进行评价和筛选。再根据产品创新设计中经济、美观、实用的原则,利用第 7,15,17,40 号解决方案,参考市场调研的结果,进行具体方案的设计与开发。对车把、脚蹬、车轮等部分进行折叠处理,对梁、车座进行套叠设计,改变使用的材料等,最终形成新的设计方案。

三、装置结构图

对自行车进行再设计,把各个部位做了细致的规划:自行车前后轮折叠后,并行作为推车;车梁由一个平行四边形与两个三角形连接前后车轮架;车把部和车座部都可折叠;考虑稳定性,设计一个支架。手绘效果图如图4.6所示,展示效果图如图4.7所示。

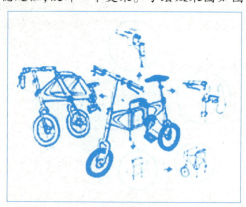

图4.6 手绘效果图

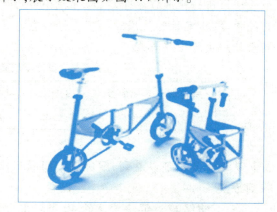

图4.7 展示效果图

(资料来源:张简一.黑龙江省首届"TRIZ"杯大学生创新设计大赛科技发明作品[Z].

哈尔滨理工大学,2011.)

主题 3　TRIZ 分析基本工具

一、TRIZ 分析基本工具中功能分析的作用是什么?

19 世纪 40 年代,美国通用电气公司的工程师迈尔斯首先提出功能的概念,并把它作为价值工程研究的核心问题。

功能的由来有两种:一种是人们的需求,另外一种是人们从实体结构中抽象出来的。人们的需求是主动地提出功能,结构中抽象是被动地挖掘出功能。如汽车、飞机的出现,最初不是人们想要利用其运载人或物,而是随着时代的发展,人们逐渐发掘出其功能。因此,广义的功能定义为:研究对象能够满足人们某种需要的一种属性。例如,冰箱具有满足人们"冷藏食品"的属性,起重机具有帮助人们"移动物体"的属性。企业生产的实际上是产品的功能,用户购买的实际上也是产品的功能。如用户购买电冰箱,实际上是购买"冷藏食品"的功能。

在 TRIZ 中,功能是产品或技术系统特定工作能力抽象化描述,它与产品的用途、能力、性能等概念不尽相同。例如钢笔的用途是写字,功能是存送墨水;铅笔的用途是写字,功能是摩擦铅芯;毛笔的用途是写字,功能是浸含墨汁。任何产品都具有特定的功能,功能是产品存在的理由,产品是功能的载体;功能附属于产品,又不等同产品。

功能分析是一种识别系统和超系统组件的功能、特点及其成本的分析工具,主要用来识别后期需要解决的问题。功能分析一般分为 3 个部分,即组件分析、相互作用分析和建立功能模型。组件分析是指将系统和超系统的组件加以区分,并分类列出来;相互作用分析是识别组件两两之间的相互作用,为以后建立功能模型打下基础;建立功能模型是指识别组件之间的具体功能,并根据它们执行功能的性能加以评估,最后形成功能模型图。

二、TRIZ 分析基本工具中矛盾分析的作用是什么?

现实生活中,人们用"矛盾"比喻相互抵触、互不相容的关系。工程中同样存在矛盾。如在飞机制造中,为了增加飞机外壳的强度,很容易想到的方法是增加外壳的厚度,但是厚度的增加势必会造成重量的增加,而重量的增加却是飞机设计师们最不想见到的。在很多其他行业中,这类的矛盾也十分常见。

TRIZ 中的技术问题可以将矛盾定义为技术矛盾和物理矛盾。

技术矛盾是指为了改善系统的一个参数,导致了另一个参数的恶化。技术矛盾描述的是两个参数的矛盾。例如,改善了汽车的速度,导致了安全性发生恶化。这个例子中,涉及的两个参数是速度和安全性。

所谓物理矛盾就是针对系统的某个参数,提出两种不同的要求。当对一个系统的某个参数具有相反的要求时就出现了物理矛盾。例如,飞机的机翼应尽量大,以便在起飞时获得更大的升力;飞机的机翼应尽量小,以便减小在高速飞行时的阻力;钢笔的笔尖应该细,以便用钢笔能够写出较细的文字;同时钢笔的笔尖应该粗,以避免锋利的笔尖将纸划破。可见,物理矛盾是对技术系统的同一参数提出相互排斥的需求时出现的一种物理状态。无论对技术系统的宏观参数,如长度、导电率及摩擦系数,还是对描述微观量的参数,如粒子浓度、离子电荷及电子速度等,都可以对其中存在的物理矛盾进行描述。

通过对大量发明专利的研究,阿奇舒勒发现,真正的发明(指发明级别为第二、第三和第四级的专利)往往都需要解决隐藏在问题中的矛盾。于是,阿奇舒勒规定:是否出现矛盾(又称冲突,冲突可以理解为是必须解决的矛盾),是区分常规问题与发明问题的一个主要特征。由此可以简单地认为,如果问题中不包含矛盾,那么这个问题就不是一个发明问题(或 TRIZ 问题)。

与一般性的设计不同,只有在不影响系统现有功能的前提下成功地消除矛盾,才能认为是发明性地解决了问题。也就是说,矛盾应该是这样解决的:在完善技术系统的某一部分或是优化某一参数的同时,其他部分的功能或其他参数不会被影响。

三、TRIZ 分析基本工具中矛盾矩阵的作用是什么?

阿奇舒勒将 39 个通用工程参数,如表 4.3 所示。将通用工程参数与 40 条发明原理有机地联系起来,建立起对应关系,整理成 39×39 的矛盾矩阵表,如表 4.4 所示。

表 4.3　39 个通用工程参数

序号. 名称	序号. 名称	序号. 名称
1. 运动物体的质量	14. 强度	27. 可靠性
2. 静止物体的质量	15. 运动物体作用时间	28. 测量准确度
3. 运动物体的长度	16. 静止物体作用时间	29. 制造准确度
4. 静止物体的长度	17. 温度	30. 外部作用于物体的有害因素(外来有害因素)
5. 运动物体的面积	18. 明亮度	31. 物体产生的有害因素(有害副作用)
6. 静止物体的面积	19. 运动物体能量消耗	32. 可制造性
7. 运动物体的体积	20. 静止物体能量消耗	33. 可操作性(使用方便性)
8. 静止物体的体积	21. 功率	34. 可维修性(易维护性)
9. 速度	22. 能量损失	35. 适应性
10. 力	23. 物质损失	36. 装置的复杂性
11. 应力或压力	24. 信息损失	37. 控制的复杂性
12. 形状	25. 时间损失	38. 自动化程度
13. 结构的稳定性	26. 物质的数量	39. 生产率

表 4.4　39×39 矛盾矩阵表

改善参数		恶化参数							
		运动物体质量	静止物体质量	运动物体长度	静止物体长度	运动物体面积	…	自动化程度	生产率
		1	2	3	4	5	…	38	39
1	运动物体的质量	+	−	15,8,29,34	−	29,17,38,34	…	26,35,18,19	35,3,24,37
2	静止物体的质量	−	+		10,1,29,35		…	2,26,35	1,28,15,35
3	运动物体的长度	8,15,29,34	−	+		15,17,4		17,24,26,16	14,4,28,29
4	静止物体的长度		35,28,40,29		+				30,14,7,26
5	运动物体的面积	2,17,29,4	−	14,15,18,4	−	+		14,30,28,23	10,26,34,2
…	…	…	…	…	…	…	…	…	…
38	自动化程度	28,26,18,35	28,26,35,10	14,13,17,28	23	17,14,13	…	+	5,12,35,26
39	生产率	35,26,24,37	28,27,15,3	18,4,28,38	30,7,14,16	10,26,34,31	…	5,12,35,26	+

矛盾矩阵的构成非常紧密,而且自成体系。使用者可以根据系统中产生矛盾的两个通用工程参数,从矩阵表中直接查找出化解矛盾的发明原理,并使用这些原理解决问题。

矛盾矩阵的第 1 行分别为 39 个通用工程参数的名称,第 2 行为 39 个通用工程参数的编码。但是,纵行表示要改善的参数,横行表示会恶化的参数。39×39 个工程参数从行、列两个维度构成矩阵的方格共 1 521 个。在其中 1 263 个方格中,均列有几个数字,这几个数字就是 TRIZ 所推荐的解决对应技术矛盾的 40 个发明原理的编码。

（资料来源:周苏.创新思维与 TRIZ 创新方法［M］.北京:清华大学出版社,2018.）

四、TRIZ 分析基本工具中"物-场"模型的作用是什么?

TRIZ 中的"物质-场"模型(简称物-场模型)是通过对系统原型的抽象揭示研究对象的规律性,是一种用图形化语言对技术系统进行描述的方法,也是理解和使用其标准解系统的基础。

标准解系统是指在物-场模型分析的应用过程中,由于所面临的问题复杂而广泛,确立与使用物质-场模型相当困难,TRIZ 理论就为物质-场模型提供了现成模式的解法,称为标准解法,共 76 个,标准解法通常用来解决概念设计的开发问题。

所谓"物质"是指工程系统中包含的任意复杂级别的具体对象,可以是任何实质性的东西,例如,基本粒子、铅笔、车轮、电话、汽车、航天飞机等。物质-场模型中所说的物质比一般意义上的物质含义更广,它不仅包括各种材料,还包括技术系统(或其组成部分)、外部环境甚至活的有机体。

阿奇舒勒将存在于物质之间的各种各样的作用都用场来表示,如力场(压力、冲击、脉冲)、声场(超声波、次声波)、热能场、电场(静电、电流)、磁场、电磁场、光学场(紫外线、可见光、红外线)、电离辐射场、放射性辐射场、化学场(氧化、还原、酸性、碱性环境)、气味场等。

按照可控性由低到高的顺序,可以将场依次排列为:重力场→机械场→声场→热场→化学场→电场→磁场→辐射场。因此,如果某技术系统当前采用的是机械场的方式,接下来可以考虑用声场、热场、化学场、电场或磁场来替代机械场,从而推动技术系统向更高级的形式进化。

TRIZ 理论中的功能一般遵循两条原理:第一条原理是任何一个系统,经过分解后,其底层功能都可以分解为 3 个基本元素,即物质 1、物质 2 和场;第二条原理是将相互作用的 3 个基本元素进行有机组合,形成一个功能。

表达一个系统的功能,主要使用三角形形式,它简单实用且应用广泛(图 4.8)。在三角形物质-场模型中,两个下角通常分别表示两种物质(S),上面的一个角通常表示场(F)。场是物质-场模型分析中的一个术语,通常表示物质之间的相互作用或效应。一个复杂的系统经过分解后,可以运用多个组合三角形模型表示(图 4.9)。

图 4.8　简单三角形的物-场模型

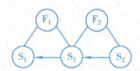

图 4.9　复杂三角形的物-场模型

☆创新案例 4-4　加贴玻璃纸

为了保护个人隐私,在浴室的玻璃上贴上不透明的玻璃纸。在这个例子中,没有贴玻璃纸之前,其物-场模型如图 4.10(左)所示。

显然 S_2 与 S_1 之间的相互作用是我们不期望的作用,为了抑制这种作用,引入 S_3(玻璃纸)。引入玻璃纸之后,其物-场模型如图 4.10(右)表示。

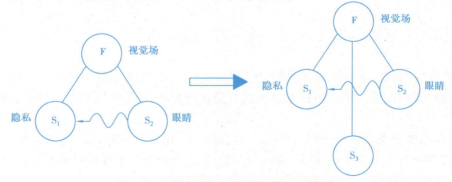

图 4.10　贴玻璃纸前后的浴室物-场模型

五、TRIZ 分析基本工具中 ARIZ 的作用是什么?

按照 TRIZ 对发明问题的五级分类,一般较为简单的一到三级发明问题运用发明原理或者发明问题标准解法就可以解决,而那些复杂的非标准发明问题,如四级问题,往往需要应用发明问题解决算法 ARIZ(AlgorithmforInventive-problemSolving)做系统的分析和求解。

ARIZ 是 TRIZ 论中的主要分析问题、解决问题的方法,其目标是针对问题情境复杂、矛盾及其相关部件不明确的技术系统解决问题的物理矛盾。它是一个对初始问题进行一系列变形及再定义等非计算性的逻辑过程,实现对问题的逐步深入分析和转化,最终解决问题。该算法尤其强调问题矛盾与理想解的标准化,一方面技术系统向理想解的方向进化;另一方面,如果一个技术问题存在矛盾需要克服,该问题就变成一个创新问题。

ARIZ 算法主要包含 6 个模块。

第一个模块:情境分析,构建问题模型。

第二个模块:基于物-场分析法的问题模型分析。

第三个模块:定义最终理想解与物理矛盾。

第四个模块:物理矛盾解决。

第五个模块:如果矛盾不能解决,调整或者重新构建初始问题模型。

第六个模块:解决方案分析与评价。

应用 ARIZ 取得成功的关键,在于在理解问题的本质前,要不断地对问题进行细化,直至确定了问题所包含的物理矛盾。

☆创新案例 4-5 连接两块金属的 TRIZ 解决方法

问题:摩擦焊接是连接两块金属的最简单的方法。将一块金属固定并将另一块对着它旋转。只要两块金属之间还有空隙就什么也不会发生。但当两块金属接触时接触部分就会产生很高的热量,金属开始熔化,再加以一定的压力两块金属就能够焊在一起。一家工厂要用每节 10 米的铸铁管建成一条通道,这些铸铁管要通过摩擦焊接的方法连接起来。但要想使这么大的铁管旋转起来需要建造非常大的机器,并要几个车间。

解决该问题的过程如下:

(1)最小问题:对已有设备不做大的改变而实现铸铁管的摩擦焊接。

(2)系统矛盾:管子要旋转以便焊接,管子又不应该旋转以免使用大型设备。

(3)问题模型:改变现有系统中的某个构成要素,在保证不旋转待焊接管子的前提下实现摩擦焊接。

(4)对立领域和资源分析:对立领域为管子的旋转,而容易改变的是两根管子接触部分。

(5)理想解:指旋转管子的接触部分。

(6)物理矛盾:管子的整体性限制了只旋转管子的接触部分。

(7)物理矛盾的去除及问题的解决对策:用一根短管插在两根长管之间,旋转短管,同时将管子压在一起直到焊好为止。

主题 4　TRIZ 分析知识工具

一、TRIZ 分析知识工具中发明原理的作用是什么？

阿齐舒勒对世界上不同领域的专利和方法进行了归纳和总结,提取了在专利中最常用的方法和原理,共总结出 40 种,称为 40 个发明原理,如表 4.5 所示。

比如强化复合实木地板:居室装修时,人们不是直接使用纯实木做地板,而是使用耐磨性好的强化复合实木地板。这是一个"用复合材料替代纯质材料"的典型实例。它是利用 TRIZ 的 40 号创新原理:复合材料原理。

再比如解雇员工的方法。现在,人们已经发现了一种最有效的解雇员工的方法:就是不要把解雇的时间拖得太长。如果解雇的过程是有条理的,并且能快速执行,那么就可以大大减少对员工的创伤。这是利用了 TRIZ 的 21 号创新原理——减少有害作用的时间原理:"将危险或有害的流程或步骤在高速下进行。"

表 4.5　40 个发明原理

序号	原理	序号	原理	序号	原理	序号	原理
1	分割	11	事先防范	21	减少有害作用的时间	31	多孔材料
2	抽取	12	等势	22	变害为利	32	颜色改变
3	局部质量	13	反向作用	23	反馈	33	均质性
4	增加不对称性	14	曲面化	24	借助中介物	34	抛弃或再生
5	组合	15	动态特性	25	自服务	35	物理或化学参数改变
6	多用性	16	未达到或过度的作用	26	复制	36	相变
7	嵌套	17	空间维数变化	27	廉价替代品	37	热膨胀
8	重量补偿	18	机械振动	28	机械系统替代	38	强氧化剂
9	预先反作用	19	周期性作用	29	气压和液压结构	39	惰性环境
10	预先作用	20	有效作用的连续性	30	柔性壳体或薄膜	40	复合材料

二、TRIZ 基于知识工具之标准解的作用是什么？

阿奇舒勒发现,如果问题的物质-场模型是一样的,那么解决方案的物质-场模型也是一样的,与它们处于哪个领域无关。

如果某个假设的解决方案模型可以找到一定数量的专利支持,则可以将其列为一个确定的解决方案模型,又称为标准解。目前标准解最终版一共有 76 个,五大类型(见创新聚焦 4-3),这也是我们今天所看到的标准解系统。

如果我们遇到工程问题时,可将每个标准解都尝试一遍,但显然工作效率很低,可操作性比较差。为了提高这些标准解的可用性,阿奇舒勒对这些标准解进行了分类,对每一类都对应某一种有问题的物质-场模型。这样,在解决关键问题时,只要将其转化为相应的问题的物质-场模型,就可以用相应类别的标准解来解决问题了。

☆创新聚焦4-1　76个标准解的分类

阿奇舒勒将76个标准解分为五大类。

第一类标准解,建立和拆解物质-场模型。这一类标准解主要适用于不完整的物质-场模型或有害作用的物质-场模型,通过建立和拆解物质-场模型来解决工程问题。这类标准解包括两个子类,共计13个标准解。

第二类标准解,完善物质-场模型。这一类标准解适用于有用但不足的物质-场模型,主要是通过对工程系统内部做较小的改变,从工程系统这个级别上来提高工程系统。这一类标准解包括4个子类,共计23个标准解。

第三类标准解,转换到宏观系统或微观级别。这一类标准解适用的物质-场模型同样为不足的物质-场模型,与第二类标准解不同的是,它通过超系统级别或者微观系统级别解决工程问题。这一类标准解包括两个子类,共计6个标准解。

第四类标准解,用于检测和测量的标准解。这一类标准解要解决的问题是解决工程系统中的"测量和检测"类问题,这一类标准解包含5个子类,共计17个标准解。

第五类,标准解的应用。前四类标准解提出了解决方案,但实际运用时,这个解决方案并不能真正付诸实施,需要调整前面提出的解决方案,第五类标准解指出如何有效地引入物质-场或科学效应克服上述问题。这一类标准解包括5个子类,共计17个标准解。

三、TRIZ 基于知识工具之科学效应知识库的作用是什么?

迄今为止,研究人员已经总结了大概10 000个效应,涵盖了多学科领域的原理,包括物理、化学、几何等学科和领域,但常用的只有1 400多个。研究表明,工程人员自掌握并应用的效应是相当有限的。例如,爱迪生在他的1 023项专利里只用了23个效应。

TRIZ 理论基于对世界专利库大量的专利的分析,总结了大量的物理、化学和几何效应,每一个效应都可能用来解决某一类问题。TRIZ 理论中,按照"从技术目标到实现方法"的方式组织效果库,发明者可根据 TRIZ 的分析工具决定需要实现的"技术目标",然后选择需要的"实现方法",即相应的科学效应。

科学效应库的作用:涵盖了不同学科领域的科学原理和方法;统一的功能性描述和查询方式,快速得出针对问题的相关解决方案;克服人的思维惯性,拓宽知识面。

为了帮助工程师们利用这些科学原理和效应来解决工程技术问题,在阿奇舒勒的提议下,TRIZ 研究者共同开发了效应数据库,其目的就是将那些在工程技术领域中常常用到的功能和特性,与人类已经发现的科学原理或效应所能够提供的功能和特性对应起来,以方便工程师们进行检索。解决高难度问题常见的30种功能,如表4.6所示。

表 4.6 效应库组织架构(30 个功能代码表)

F01 测量温度	F16 传递能量
F02 降低温度	F17 建立移动物体与固定物体间的相互作用
F03 提高温度	F18 测量物体的尺寸
F04 稳定温度	F19 改变物体的尺寸
F05 探测物体的位置和运动	F20 检查表面的状态和性质
F06 控制物体的运动	F21 改变表面的性质
F07 控制液体及气体的运动	F22 检查物质容量的状态和特征
F08 控制浮质(悬浮颗粒)的流动	F23 改变物体空间性质
F09 搅拌混合物,形成溶液	F24 形成要求的结构,稳定物体结构
F10 分离混合物	F25 探测电场和磁场
F11 稳定物质位置	F26 探测辐射
F12 产生(或控制)力	F27 产生辐射
F13 控制摩擦力	F28 控制电磁场
F14 破坏(解体)物体	F29 控制光
F15 积蓄机械能和热能	F30 产生及加强化学变化

☆创新案例 4-6 应用科学效应解题

电灯泡厂的厂长将厂里的工程师召集在一起开了个会,他让工程师们看一叠顾客的批评信,顾客对灯泡质量非常不满意。

(1)问题分析:经过分析,工程师们觉得灯泡里的压力有些问题。压力有时比正常的高,有时比正常的低。

(2)确定功能:准确测量灯泡内部气体的压力。

(3)TRIZ 推荐的可以测量压力的物理效应和现象:机械振动、压电效应、驻极体、电晕放电、韦森堡效应等。

(4)效应取舍:经过对以上效应逐一分析,只有"电晕"的出现依赖于气体成分和导体周围的气压,电晕放电才能够适合测量灯泡内部气体的压力

(5)方案验证:如果灯泡灯口加上额定高电压,气体达到额定压力就会产生电晕放电。

(6)最终解决方案:用电晕放电效应测量灯泡内部气体的压力。

主题 5 TRIZ 理论解题

一、运用 TRIZ 解决问题有哪些步骤?

在研究的过程中我们常常采用试错法来解决问题,但往往事与愿违,试错法虽然在一些简单的问题上效果较明显,但在一些较难的问题上往往要花费更长时间,消耗更多的资源。

阿奇舒勒将解决工程问题的方法与其他学科(如数学、化学等)中解决问题的步骤作了类比,确定了利用 TRIZ 解决工程问题的步骤。与常规的直接解决问题的方法不同,在利用 TRIZ 时,首先要将问题转化为问题的模型,然后利用 TRIZ 解决问题的工具找到解决方案的

模型,分为以下步骤。

(1)具体问题:对需要解决的问题有一个清楚的定义。

(2)将具体问题转化为 TRIZ 问题的模型:要利用 TRIZ 解决问题的工具,需要将具体问题转化为相应的模型。TRIZ 中可以运用的模型有技术矛盾、物理矛盾、物−场模型以及功能化模型。

(3)TR1Z 工具:对每一种模型都有相应的工具解决,如解决技术矛盾的工具是矛盾矩阵,解决物−场模型的工具是 76 个标准解。

(4)TRIZ 解决方案的模型:TRIZ 问题的模型经过 TR1Z 工具处理过后,会有一系列解决方案的模型,比如从矛盾矩阵查到的是发明原理,从标准解系统中得到的是解决方案的物−场模型。这个模型仍然与具体的问题无关,它是一个解决方案的模型。

(5)具体的解决方案:就是根据项目的实际情况,将这些解决方案的模型转化为我们自己需要的具体的解决方案。

经典 TRIZ 的问题模型对应的解题工具及方案模型如表 4.7 所示。

表4.7　经典 TRIZ 的问题模型对应的解题工具及方案模型

问题模型	工具	解决方案模型
技术矛盾	矛盾矩阵	40 个发明原理
物理矛盾	分离原理	40 个发明原理
物−场模型	76 个标准解	标准解的物−场模型
功能化模型	科学效应库	具体的效应

二、TRIZ 理论解决问题有哪些典型步骤?

TR1Z 理论体系已经成为一个创新平台。TRIZ 作为一套方法体系,为企业提供了统一的解决问题的步骤和思路,就是将特殊的问题转化为 TRIZ 的标准问题模型,然后运用相应的工具求解,得到解决方案模型,在此基础上形成问题的具体方案。

利用 TR1Z 可以解决技术问题,产生新的解决方案;可以规避或增强专利,进行专利布局;可以用于新产品规划布局;可以运用 TRIZ 的方法解决环保产品生产与产品回收的矛盾问题等。但无论哪种应用,其典型流程分为以下 3 个步骤,如图 4.11 所示。

图 4.11　TRIZ 理论解决问题的典型步骤

对于问题模型的构建,同样的问题可以描述成不同的问题模型,一个复杂的问题可以尝试各种问题模型和工具。

在问题识别阶段,通过层层分析,可以透过问题现象找到问题产生的根本原因,也就是解决问题的着手点。

在运用 TRIZ 来解决问题时,要做到以下几步:

①要对问题进行描述与定义,说明问题所在系统的组成、工作原理、问题发生的条件。

②建立功能模型,分析工程系统和超系统组件的功能、组件间的作用关系,分析哪些作用是有害的、不足的,找出造成系统问题的关系因素。

③根据前两步分析出系统的关键因素,选择进行组件价值分析、因果分析或资源分析。组件价值分析,根据理想度公式计算出系统中各个组件的功能价值,对理想度低的组件进行系统有用功能的重新分配,同时将问题转化为关键问题;因果分析,则是通过对问题的层层深入找到问题产生的根本原因;资源分析,帮助我们找出解决问题所缺乏的资源,找出系统内外各种可用的资源。

在问题解决阶段,TRIZ 解决问题的模式是将初始问题转化为标准问题模型,通过对标准问题运用 TRIZ 工具,得到解决方案模型,然后转化为工程方案。

TRIZ 提供了 4 种问题模型以及相应工具和方案模型。

①技术矛盾,将待解决的具体问题转化为用 39 个通用工程参数描述的技术矛盾,通过查找矛盾矩阵,找到针对问题的创新原理,即解决方案模型。

②物理矛盾,将待解决的问题准确描述和定义为物理矛盾,解决物理矛盾的核心思想是实现矛盾双方的分离,运用分离原理作为工具来解决物理矛盾,得到解决方案模型。

③功能模型,通过分析待解决问题系统中组件及组件间的相互作用关系,建立功能模型,运用知识效应库,产生解决方案模型。

④物场模型,将待解决的具体问题转化为利用物质和场来描述的标准物场模型,分析物场模型中不足、过度、有害的作用,查找对应的 76 种标准解法,得到解决方案模型。

最后一个阶段为方案验证阶段。运用 TRIZ 对问题分析、求解,得到的通常是解决方案模型,工程技术人员还需要运用自身的专业知识、工程经验等将解决方案模型转化为实际的工程方案,并进行评估、验证,形成最终的解决方案。

TRIZ 理论不是针对某个特定的创新问题,而是一套解决问题的方法理论。TRIZ 并不直接解决问题,而是通过将一般问题转化为标准问题,建立问题的模型,再运用相对应的工具来进行求解。TRIZ 的原理和工具不局限于任何特定的应用领域,对所有创新问题的解决都有指导作用,并且可以和其他方法如六西格玛设计、QFD 集成应用相互补充,促进技术创新、企业发展和社会进步。

三、问题识别用什么工具?

问题识别阶段的工具有创新标杆、功能分析、流分析、因果链分析、剪裁、特性传递以及关键问题分析。

如果我们遇到的一个问题是设计一个全新的系统而不是改善一个旧系统,而且没有确定采用什么样的技术,创新标杆可以帮助我们寻找并分析各种可能的技术路径,并且通过评估来决定哪种技术路线或者哪几种技术路线的组合可能会达到项目的目标,然后在此基础上运用 TRIZ 中的其他工具继续解决问题。

功能分析是识别系统和超系统中组件、产品工艺流程以及流的功能、它们的特点及其成本的分析工具。通过对系统或超系统中的组件在系统中执行的功能进行分析,找出有问题

的组件(正常、不足、过量或者是有害)。另外,如果我们所研究的工程系统是产品流程,功能分析中还有基于工艺的功能分析,以了解每个操作的功能,并找出有问题的操作。

如果研究对象是流,比如能量流、物质流或信息流,在这些流中也可能会有一些缺点,比如瓶颈、流的过度转换、流产生的有害作用等。流分析就是要深入地分析每一种流,并且将这些流的缺点找出来。

因果链分析是一种识别分析工程系统的关键缺点的分析工具。从已有的问题或项目的目标的反面出发,逐级、详细分析造成问题的深层原因,通过建立目标缺点的因果链的逻辑关系寻找更多的产生问题的原因,利用它们可以找到更多解决问题的入口。

剪裁是一种分析问题的工具,将一个或一个以上的组件去掉,而将其所执行的有用功能利用系统或系统中的剩余组件来代替的方法,这个工具的作用是一旦某个组件出了问题,并不是修复这个组件,而是将有问题的组件去掉,将它的有用功能重新分配到系统或者超系统组件上,以降低工程系统的成本和复杂度,提高系统的可靠性。

特性传递是一种为提高工程系统从互补工程系统传递所需的特性的分析工具,任何工程系统有优点也有缺点,特性传递将其他工程系统的优点转移到本工程系统,以改善本工程系统的缺点,使其兼具二者的优点。

通过前面几个工具的分析往往会产生一系列的问题列表,但这些问题并不是每一个都要解决,也不是每一个都能够解决,有时候,往往只解决了其中的某一个问题就可以将整个问题解决,达到项目的目标。关键问题分析就是对这些问题进行归纳总结,然后进行筛选,以备解决。有些问题较容易解决,可能不需要 TRIZ 就可以解决了,有些问题解决起来则没那么容易,需要后面继续利用 TRIZ 理论中解决问题的工具去解决。这些选择出来将要进一步解决的问题就是关键问题。

四、解决问题用什么工具?

问题解决阶段的工具主要包括发明原理、标准解、ARIZ、功能导向搜索、克隆问题和科学效应库等的应用,如图 4.12 所示。

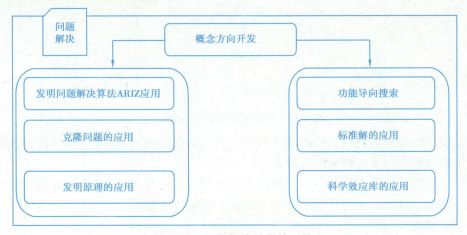

图 4.12　问题解决阶段的工具

功能导向搜索使用基于功能的语言在世界范围内寻找其他领域的成熟的解决方案来解决问题的工具,通过它可以将其他领域的成熟的解决方案引入到这个领域解决所遇到的具体问题。

如果关键问题可以转化为技术矛盾或物理矛盾的问题模型,可以用相应的工具处理,然后可以找到相应的发明原理,并在其启发下产生解决方案,另外,有时技术矛盾或物理矛盾不是很清楚时,也可以直接利用 40 个发明原理来启发思维,找到某些发明原理作为解决方案的模型。

标准解系统是 76 个典型的解决方案的集合,如果关键问题以物-场模型的形式进行描述,则需要用此工具来解决。

科学效应库是大量科学效应的集合。知道的科学效应越多,产生的巧妙的解决方案也会越多。

克隆问题的解决就是运用这些类似的解决方案来解决实际问题的。

ARIZ 即发明问题解决算法,如果不能将关键问题转化为一个问题的模型,在 ARIZ 中有少量的分析工具,可以将最初的问题转化为不同的问题的模型。ARIZ 是一个比较高端的 TRIZ 工具,需要综合运用经典 TRIZ 理论中的各个工具解决问题。一般适用于解决不允许对已有工程系统作较大变动的问题。

五、概念验证用什么工具?

概念验证阶段的主要工具为超效应分析和概念评估,如图 4.13 所示。

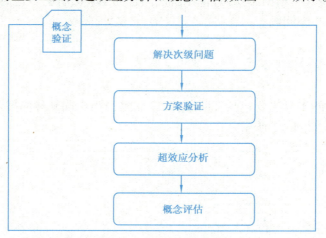

图 4.13　概念验证阶段的主要工具

超效应分析指的是利用新的解决方案中所引入的新资源,或新特性继续改善工程系统,充分利用新的解决方案所带来的好处。

概念评估指的是对产生的一系列解决方案根据项目的具体要求,比如容易实施的程度、成本、实施周期等标准,来评估哪个解决方案将会被最终实施。

这里需要指出的是:

（1）TRIZ理论中的工程系统进化趋势既是识别问题的工具，又是解决问题的工具，它是经过对大量产品或技术的进化规律进行研究并经统计证实，描述了工程系统从一种状态自然过渡到另外一种状态的进化发展过程的规律。

（2）某个单独工具的应用及它们在问题识别和问题解决的阶段的组合、应用顺序是由具体创新项目的实际情况决定的，以上顺序可能有所变动。

（3）TRIZ理论在解决方案具体实施方面的工具不多，也不强大，比如在具体解决方案中的最优参数的确定等，但可以借助其他方法，比如实验设计（DoE）等方法来解决。

☆创新案例4-7　运用TRIZ发明原理的生活实例

①可调百叶窗。人们使用的传统的幕布窗帘只能拉上或拉开，因此光线要么太强要么太弱。于是，人们利用TRIZ的1号创新原理：分割原理，"提高系统的可分性，以实现系统的改造"，发明了可调节的百叶窗，只要调节百叶窗叶片的角度，就可以控制外界射入光线的强弱。

②多格餐盒。将一个餐盒分割成多个间隔，在不同的间隔中放置不同的食物，这种构造避免了食物之间的彼此"串味"。这是一个"让物体的各部分，均处于完成各自动作的最佳状态"的典型实例。它是利用TRIZ的3号创新原理：局部质量原理。

③强化复合实木地板：居室装修时，人们不是直接使用纯实木来做地板，而是使用耐磨性好的强化复合实木地板。这是一个"用复合材料来替代纯质材料"的典型实例。它是利用TRIZ的40号创新原理：复合材料原理。

④推拉门。为节省空间，人们发明了推拉门，开门时直接把门推进墙内的空隙，而不是把门推到外面或里面占据较大的空间。它是利用TRIZ的7号创新原理——嵌套原理："把一个物体嵌入另一个物体"的典型实例。

⑤手术前器具摆放。手术前先将手术器具按顺序排好，这是利用了TRIZ的10号创新原理——预先作用原理："预先安置物体，使其在最方便的位置，不浪费运送时间。"类似的例子还有：楼道里安装的灭火器、半成品食物、已充值的储蓄卡等。

⑥电梯。人在地面上行走时，是地面不动而人向前走动；乘客随滚动电梯上下楼时则恰好相反：地面向后运动而人保持不动。这是利用了TRIZ的13号创新原理——反向作用原理："让物体或环境，可动部分不动，不动部分可动。"类似的例子还有：跑步机、倒立搁置剩余很少的洗发液瓶子等。

⑦用拨子弹奏乐器。人们借助拨子这个中介物弹奏乐器，动作精准且不伤手指。这是利用了TRIZ的24号创新原理——借助中介物原理："使用中介物实现所需动作。"类似的例子还有：托盘、吸管、婚介等。

⑧解雇员工方法。现在，人们已经发现了一种最有效的解雇员工的方法：就是不拖延解雇的时间。如果解雇的过程是有条理的，并且能够快速执行，那么就可以大大减少对员工的创伤。这是利用了TRIZ的21号创新原理——减少有害作用的时间原理："将危险或有害的流程或步骤在高速下进行。"

（资料来源：殷月竹，许峰.TRIZ创新原理在日常生活中的运用[J].中国校外教育.高教（下旬），2015（13）.）

思考与练习

1.以下哪些属于技术矛盾,哪些属于物理矛盾?

(1)汽车既要求速度快,又要求安全性高;提高速度就会降低安全性,提高安全性就会降低速度。

(2)汽车质量既要重(因为要稳重),又要轻(因为要省油)。

(3)汽车空间既要大(因为宽敞舒适),又要小(因为方便行驶或停靠)。

2.下面各类发明运用了 TRIZ 理论中的哪些原理?

(1)近视镜和太阳镜结合的近视太阳眼镜的发明。

(2)吉利大学研制的"喷水无墨打印"的技术。

(3)无扇叶风扇的发明。

(4)移动电源的发明。

(5)暖宝宝的发明。

3.现在市面上的纱窗品种很多,但是门却很少,原因是很多纱窗款式不适合做纱门,于是就有了挑好纱窗却找不到一款好门的现象。最早的门一般都是买张网,然后用木条钉起来,后来发展到用铝合金来制作和两层折叠的纱门。当纱窗发展到卷轴、磁性模式并试图用于门纱时,人们发现进出成了一个很严重的问题。为了解决这个大问题,很多纱窗公司开始研究这些问题,于是折叠纱门诞生了。之后为了解决拆洗问题及老人和小孩的进出问题,DIY 的易拆洗门和无下轨链条纱门也应运而生。纱门经过这几年的不断改进和完备,已经非常成熟,注重生活品质的人们也慢慢开始接受了。

(1)分析在"纱窗→纱门→拆洗纱门→易拆洗纱门→无下轨链条纱门→无下轨折叠纱门"的每一次演变过程中,蕴含的技术矛盾和相对应的创新原理。

(2)目前较先进的无下轨纱门同样存在诸多问题,如稳定性不高、寿命较短等。结合 TRIZ 创新原理,你有好的解决方案吗?

4.键盘是人们最常用的计算机输入设备,如果按键不灵活、油腻腻的、轻按不起作用、按下弹不起的话,会给计算机操作带来很多烦恼。另外,如果按键经常不清洗还会成为多种传染病的传染源,可见键盘的清洗工作是多么重要。可是由于键盘按键数量较多、结构复杂,往往很难清洗。目前常用的清洗方法有人工拆卸清洗、电脑清洁刷、吸尘器等,但这些常用工具要么不易操作,要么清洁不彻底。你有更好的解决方案吗?结合 TRIZ 理论 40 种发明原理思考一下。

5.长沙市公共交通曾存在以下问题:

(1)单路车因路线长而总是不按时到达。

(2)多路车在一条线上拥堵占道。

(3)单路车为保证时间间隔短大量配车,而除上下班时间外,开只有几人乘坐的空车。

(4)每个车站很长很乱,一来车,可以坐这路也可坐那路,跑来跑去。

(5)站牌太多,字太小,有时两个远离的牌子看起来很困难。

(6)有时一个红绿灯路口两边有不同的车来回走。

于是,有人运用 TIRZ 理论中的空间分离、时间分离、整体与局部分离和基于条件的分离,提出了如下解决办法,对此你有哪些看法呢?

空间上分离:专用公交线,就像路上的无轨"铁路"。

时间上分离:高峰时段每 3 min 发一次车,低谷时段每 10 min 发一次车。

整体与局部分离:部分单位可在上下班时租用专线公交车作班车。

基于条件的分离:设立公交车停车港湾,减少公交车停车时造成的道路拥堵。

6.下面的发明体现了 TRIZ 中哪些原理?

(1)近视镜和太阳镜结合的近视太阳眼镜的发明。

(2)吉利大学研制的"喷水无墨打印"的技术。

(3)无扇叶风扇的发明。

(4)移动电源的发明。

(5)暖宝宝的发明。

创业篇

第5章 创业、创业者与创业精神

时代的进步造就了不断创业进取,而创业的成功依赖于创业精神与创业者,创业驱动的产品创新与过程创新是推动社会进步与变革的关键引擎。

——约瑟夫·熊彼特

学习目的

通过本章的学习,学生应达到如下要求:
1. 理解创业的概念及其要素,了解创业的意义和价值;
2. 了解创业者与企业家的区别,理解创业者应具备的素质;
3. 理解创业精神的内涵及其主要来源,知道如何培育创业精神。

导入案例

乔婉珊的牦牛财富路

乔婉珊27岁,毕业于哈佛大学。2006年创办Shokay公司,专门利用牦牛纤维为原料生产服饰服装。Shokay公司从偏远地区牧民手中直接收购牦牛纤维,并雇用农村的女编织工。

乔婉珊创业时还在哈佛大学读公共管理与国际发展专业。一次偶然机会她到云南考察,第一次看到牦牛,随后她查阅了关于牦牛的相关资料,得知全世界有1.4亿头牦牛,大部分在中国,而且"牦牛身上的毛很软,可以和牛毛媲美",国内纺织厂家不善于市场开拓和产品研发。"如果能在牦牛身上找到一种资源并打开市场,或许是一个商机,可以真正带动整个青藏高原的发展。"乔婉珊决定一试,于是开始在牦牛上下功夫。

乔婉珊云南考察后回到美国,很快写了一份商业计划书,该计划书获得当年哈佛大学的商业计划奖金5万美元。2006年9月,乔婉珊从哈佛大学正式毕业,随即成立Shokay公司,正式开启创业之路。Shokay在藏文中是"牦牛绒"的意思,乔婉珊取这个名字就是想把公司打造成一家以牦牛绒为主的生活创意品牌。

创业之路是充满坎坷、艰辛和曲折的。但乔婉珊没有气馁、退却。第一次收购牦牛绒,没有藏民来,她只能上门收购。在牦牛藏区,每个山头住着2~3户人家,一天仅10个小时可用,只能收到30千克牦牛绒。考虑到藏区交通不便,她将收购点转移到青海,但马上又发现青海藏民抓绒是将牛毛和牛绒混在一起,她不得不对藏农们进行培训。此后找厂家也是一个艰难的过程,因为牦牛绒量少,不好纺,很多厂家不愿接这样的订单,先后折腾找了40多家,终于找到一个合作者,纺出了比较理想的绒纱线。

乔婉珊也从一个对纺织一无所知者成长为行业专家,从一个学生转变为一个企业管理者。从哈佛到青海,再到世界100多家店铺销售牦牛绒产品,乔婉珊吃了很多苦,遭了不少罪。用她自己的话说,如果当初选择在大公司工作,肯定过得比现在轻松滋润。可她不后悔自己的决定,因为她觉得,创业让生活变得更有意义,所谓的辛苦也充满了快乐。

(资料来源:陈志国.创新创业与生涯发展实务指导[M].上海交通大学出版社,2020:217-218.)

主题1　创　业

一、为什么要鼓励创业?

自20世纪80年代以来,在美国和世界其他一些国家或地区,小企业和创业者每年创造了70%以上的新就业机会与70%以上的新产品和新服务。

自20世纪90年代以来,美国每年都有100多万个新企业成立,即平均250个美国公民就拥有一家新企业。在美国大学生中,创业学生比例高达20%～30%,远远高于一般国家的2%(我国大学生目前创业比例在3%左右)。

我国超过60%的国内生产总值(GDP)是由中小企业创造的。我国中小企业和小微企业已有7 000多万家,占全国企业总数的99%以上。2016年,我国可登记的企业同比增长24.5%,平均每天新增1.5万家,加上个体工商户等,各类市场主体每天新增4.5万家。

创业对一个国家和地区的经济活动来说都具有巨大的推动作用。当今美国超过95%的财富是20世纪80年代的创业者创造出来的。据伦敦咨询公司UHY国际报告称,自2010年以来,我国初创企业数量每年以近100%的速度增长,到2014年达到161万家。这一数量几乎是第二名的英国的两倍,也远远高于美国,如图5.1所示。

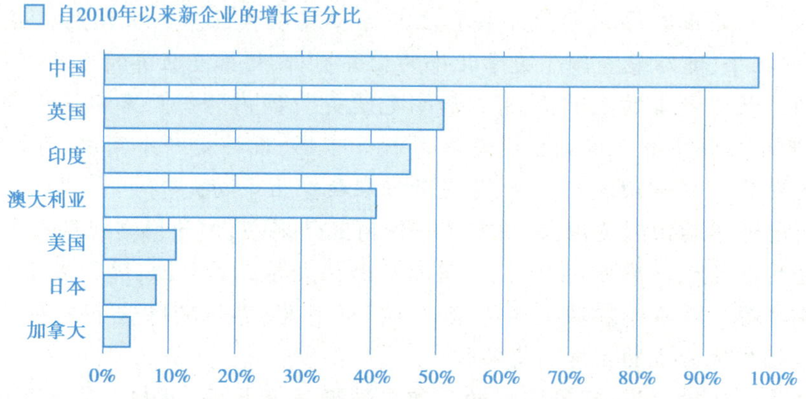

图5.1　世界部分国家初创企业增长数量变化情况

创业是创新的重要表现形式。创新活动自然促进了创业的发展,也因此诞生了很多创业型企业。以美国为例,20世纪90年代,创新型小企业承担了美国67%的创新,成为美国技术创新的引擎。

创业是社会就业的"增容器"。就业是民生之本,创业是就业之源。经济合作与发展组织的一项调查显示:70%的就业机会来源于创业者和中小企业。就美国而言,创业型企业提供了美国大多数的就业机会,20 世纪 90 年代,美国大企业大肆裁员,短时间内削减 600 多万个工作岗位,但失业率却降到历史最低点,靠的就是数目庞大的创业型企业。在我国,14 多亿人口,8 亿多劳动力,每年高校毕业生、农村转移劳动力、下岗工人、退伍军人等数目巨大,就业总量压力巨大,结构性就业矛盾明显。

二、什么是创业?

在中文中,最早出现创业一词是《孟子·梁惠王下》,其文有"君子创业垂统,为可继也";《出师表》"先帝创业未半,而中道崩殂"。《辞海》将创业解释为创立基业。英文中创业有两个词汇可以表达:一是 venture,二是 entrepreneurship。venture 本意为冒险,显然创建企业、事业需要一定程度的冒险,也暗合创业的实际发展规律。venture 为动词,entrepreneurship 为名词居多,因而 venture 更多表达的是创业的过程,entrepreneurship 更多地表达了创业的结果。

尽管目前对创业没有统一的定义,但创业有如下几个核心内涵。

一是创业重在"创"。"创"是一个动态、从无到有的过程。也就是说,创业是一个展望、改变和创造的动态过程。

二是创业的结果在于"业"。即有所成——结果,这个结果就是新事业、新事物、新现象。

三是创业的起点是创业机会。无论是直接提供新产品或新服务,还是通过组合老产品,或是新思维,都可以说是创业机会,这就是创业者实现创业的第一步——追逐机会。

四是实现创业必须有资源投入。或是资本,或是技术,又或是人员,通过这些资源使用或利用来提供产品或服务以达到创造价值的目的。

五是创业有广义的创业和狭义的创业之分。所谓广义的创业,指的是任何开创新事物、新事业的活动或行为。狭义的创业则是指创业者寻找到合适的机会,通过资源整合,提供产品及服务进行价值创造的行为过程。本书关注的创业主要是指创办企业。

三、有关创业的要素有哪些?

创业要素分为核心要素和辅助要素。核心要素是指创业最主要的,也是最关键的要素,主要有三个:创业机会、创业团队和创业资源;辅助要素包括创业组织、创业方法、创业目标、创业毅力等。

创业机会是推动创业过程的核心推动力,是创业成功的首要因素。特别是在创业初期,机会往往比团队智慧、技能和资源更重要。创业者应该花更多的精力和时间寻找最佳的机会。例如,最开始,淘宝免费给商家提供一个网上商铺,不需任何费用,这对很多人来讲绝对是一个创业机会。正因为如此,淘宝也成就了许多电商的崛起。但在当时却有人犹豫,不敢尝试,随着时间的推移,淘宝店铺的数量渐渐增多,淘宝从最初一个社区,发展成今天全世界最大的电子商务平台,该平台上有千万卖家、百万合作伙伴。今天拥有一个淘宝店铺已不再是一个新的创业机会。

创业团队并非一般意义上的群体,而是有着共同目标、共享创业收益、共担创业风险的一群人。它是为了实现创业目标而组成的相互协作的群体。创业团队中的成员所做的贡献是互补的,真正实现"1+1>2"的合作效能。大量研究表明,创业团队在创建优秀新企业过程中起着非常关键的作用。美国著名投资人德雷帕的投资理念就是"创业就是投人"。如果你选对了人,即便创业项目不好也可能会有好的前景。但如果选错了人,一个原本很有前景的项目,最后也会失败。

创业资源是推动创业的物质要素,是指新创企业在创造价值的过程中需要的有形与无形的资产,主要表现形式为:人才、资本、市场、技术和商业模式等。资源的多寡是相对的,创业团队强大与否往往与成员拥有资源多少有关。成功的创业更注意对资源的充分利用并能很好地控制资源,而非完全拥有资源。简单地说,就是资源可为我用,而并非一定为我所有。

除此之外,创业组织、方法、目标、毅力等也是创业的重要因素,但其影响力和权重没有上述三个因素强。

☆创新案例5-1 六名大学生农村创业故事

在江西省安远县三百山镇"众诚瓜果栽培基地",有6名"80后"大学生。他们虽来自不同的地方,但相同的"田园梦"使他们走到了一起,从借款30万元起家,到现在拥有近百亩的现代农业瓜果栽培基地,他们正通过五彩斑斓的田园实现自己的"绿色梦想"。

"现在的条件已经好多了,刚开始创业时,一穷二白,连住的地方也没有,真是苦!"谈到创业难,毕业于河南科技学院园艺专业的朱安成说。他最难忘的是刚建基地时,许多亲友不理解:一个大学生带着女友到外地的农村干农活,简直太没出息了。当时他的精神压力很大。

栽培基地建设初期,搭大棚,购种子、化肥、农药及进行试验,每样都需大量资金,他们6人分成3伙入股,每股10万元。起初,他们的父母不太支持。郭帅以前在郑州一家公司做种子销售,每月有3 000多元收入,放弃稳定的工作到农村种地,家人不理解。郭帅一方面给父母做工作,另一方面四处向亲戚朋友借钱;李华和杜宗涛的父母也反对自己的孩子念了大学还去种田。但这些年轻人没有动摇,因为这一创业极具挑战性。

6个年轻人抱着"初生牛犊不怕虎"的精神,引进了"日本小青瓜""早春红玉""一口茄""娃娃菜"等十几个瓜果品种,一年种3至4茬,错开上市高峰,并把销售点定在广州、深圳等沿海大中城市,他们把大学4年里学到的知识全都搬了出来,开始了艰辛而漫长的创业路。

6人的梦想随第一批种子一起植根入土,育苗锄草、施肥灌溉、测温挂牌、修剪打药……吃的是粗茶淡饭,干的都是农家活,说起专业,说起基地的前途,大家信心十足。李晓艳娇小玲珑,力气最小,每天跟着几个大男生进大棚玩泥巴,常常是一身泥一身汗,像"村姑",她却高兴地说:"我现在和土地特别亲,一天不下地,心里就直发痒。"杜宗涛负责观测、记录、统计作物的生长情况。夏季是作物发生病虫害的高峰期,尽管大棚里的温度接近50 ℃,但他一点也不敢怠慢,每天来回十几遍地跑,小心翼翼地呵护着这些"绿色宝贝"。

每一个品种从试种到成功上市都得经过气候、水土、营养成分等方面的反复研究和实验,绝不是件容易的事。2007年的春天,他们试种的2个大棚"早春红玉"西瓜无缘无故地死了十几株。郭帅立即把解剖图片等相关资料发给河南科技学院的李新峥教授和王广印。原来西瓜得了炭疽病,他们及时按照教授的指导,用炭青和叶面肥做激素调整,增强了作物的抗疫抗病性,挽回 4 万多元经济损失。

功夫不负有心人,通过 1 年多的努力,如今,长长的"小青瓜"、红红的"圣女果"、拇指般大小的"一口茄"生机勃勃,荒地里长满了绿油油的蔬菜,大棚里结满了五彩斑斓的果实。而 6 名大学生齐心协力、吃苦耐劳、经得起失败、敢于挑战现实的创业故事和精神也受到当地百姓的称赞。

据负责跑销售的郭帅介绍,由于基地里生产的全是当地没有的蔬菜、瓜果,而且他们在广州、深圳等地建立了固定的销售市场,这些绿色食品以高出当地市场 3~6 倍的价格销往各地,亩均收入近 4 万元。产品在广东、上海市场供不应求。

谈起如何打破传统的种植模式,让现代农业植根新农村? 朱安成说,最好的方法是用实际行动说话,通过基地示范让农民了解到,大棚蔬菜能打破季节和市场的限制;新品种可以拓宽市场需求;"订单农业"能给农民增产增收带来保护。未来农业发展应该走一条生态、循环、高效节约的道路。"2008 年我们准备再投入 100 多万元资金,把种植面积扩大 2 倍,并增加 5~15 个新品种。"他们已经拿出了详细的方案,准备带领当地百姓通过"订单农业"的形式进行推广种植,据预算,每亩比过去至少可以增加两三千元的收入,再接下来就是结合当地的旅游资源,基地将建设成为集生态农业、田园观光、农事体验、农家餐饮于一体的生态家园。

思考与讨论:

1. 该企业创业有何特点? 成功之处在哪里?

2. 你觉得他们未来需要克服的困难或突破的瓶颈有哪些?

主题 2 创业者

一、创业者与企业家有何区别?

创业者与企业家英文都是 entrepreneur:企业家是指在企业中负责经营管理决策的领导者;创业者是企业创办者。很多企业家是创办者,也有很多企业家是创业者。

彼得·德鲁克在《创新与企业家精神》一书中,用了整整一章的篇幅来定义"企业家"。在他看来,"企业家"就是这样的人:

(1)大幅度提高资源的产出;

(2)创造出新颖而与众不同的东西,改变价值;

(3)开创了新市场和新客户群;

(4)视变化为常态,他们总是寻找变化,对它做出反应,并将它视为机遇加以利用。

创业者和企业家是两个概念,但在创业过程中却又紧密相连。创业者可以成为企业家,企业家也可能是创业者。

企业家和创业者的区别如下:

(1)两者事业处于不同阶段。如果把创业者和企业家的事业看作一个人的成长阶段,那么创业者仅是人的婴儿期,其事业面临着更多不确定性,企业易夭折,这就是人们所说的"十创九死";但企业家通常处于青壮年阶段,公司基本成熟,有较强的生命力,相对创业者来说,企业家会更关注内部管理的科学化。

(2)管理模式差异。企业家基本上采用家长式的管理风格。他们关注目标和任务的达成胜过关注人的培养和成长,并且企业家的大部分时间是花在讨论业务和做业务上。创业者则是不断地为自己和企业描绘发展前景,他们愿意在培养人上花时间,更愿意挖掘人才的潜能。

(3)经营理念不同。创业者往往关注短期的直接利益,因为他们与投资人利益结合在一起,投资人强调最小的风险创造最大利润,创业者容易出现短视;而企业家不仅创造财富,还创造价值,眼光长远,追求长期最大利益,他们更多关注影响企业长期发展的因素,愿意承担更多的社会责任,寻求各方利益相关者的平衡。

(4)企业家有更高的追求,创业者有激情。企业家和创业者的不同就在于此,企业家要不停地追求,还要能经得住击打。有追求的人失败的可能性还是非常大的,还要有智商、情商,知道遇到事情该怎么调整自己、怎么制订战略、怎么带好队伍,只有创业激情是不够的。

二、创业者必须具备哪些素质?

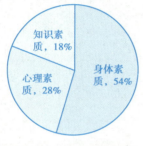

图 5.2 创业者的素质

创业者的素质包括两个方面:一是基本素质,二是能力素质。基本素质是内在表现,能力素质是外在表现,二者缺一不可。它们都是创业的核心要素,如图 5.2 所示。

创业者基本素质包括:

(1)身体素质。身体素质指的是身体健康、体力充沛和精力旺盛。创业工作繁忙、时间长、压力大,倘若身体不好,则难以承受巨大的压力,势必会影响身体健康,形成恶性循环。

(2)心理素质。心理素质指的是创业者的心理条件,反映的是创业者的意志和情感。由于创业具有风险高的特点,因此创业者需要有超强的心理承受能力,面对困难、挫折和失败具有强容忍力,具有强烈的成功的欲望,否则不可能创业成功。

(3)知识素质。知识是创业取得成功的关键因素,也可以说是一种基本素质。广博的知识不但能让创业者为创业管理和决策提供切实有用的参考,还能拓宽创业者的视野及捕捉创业机会的能力。

创业者能力素质包括:

(1)机会识别能力。在稍纵即逝的机会面前,明确判断、敏捷捕捉是创业者的思维基本功。再者,机会识别是一种有计划、有步骤的创业感知活动,需要有敏捷的反应、超人的洞察力和创新的思维才能抓住机会。

(2)决策能力。在激烈的市场竞争中,创业者须具有临机决策的能力。也就是创业者必须能在一个目标和另一个目标之间进行决策或取舍。是选择最佳决策,还是满意决策;是选择现在决策,还是选择延迟决策;是立足现在,还是着眼未来,这都是创业者必须取舍和决策的。

（3）创新思维。创新思维是创业者最重要的核心能力，创新思维指导着创业者有意识地探索和创造。互联网的诞生代表着一种创新思维，小米手机的热销也代表着一种创新思维，社交网络和淘宝代表的还是创新思维。

三、什么是企业家精神？

企业家精神是一种精神品质，企业家群体不同于一般的群体，它由个人素质、价值取向和思维模式构成。这种品质是企业家在长期企业经营过程中形成的。它不但受企业经营管理活动的影响，而且企业的经营管理活动也深深地打上了企业家精神的烙印。

企业家精神主要体现在充满激情与信念、百折不挠、专注于顾客及产品、执行力、正直、诚信与公信力上面。创新是企业家精神的灵魂（熊彼特语），彼得·德鲁克继承并发扬了熊彼特的观点，认为"企业管理的核心内容，是企业家在经济上的冒险行为，企业就是企业家工作的组织"。

到底什么是企业家精神？我们先看下面一段话。

创业聚焦 5-1　美国企业家宣言

我不会选择做普通人。如果可能的话，我宁愿选择做一个不寻常的人。

我努力寻找机会，不企求安稳，我不希望在国家的照顾下成为一名有保障的公民，那将被人瞧不起，如果是那样，我将感到痛苦不堪。

我要做有意义的冒险。

我要梦想，我要创造，我要失败，我要成功。

我拒绝用刺激来换取施舍；我宁愿向生活发起挑战，而不愿过四平八稳的生活；我宁愿要成功的激动，而不愿要乌托邦式毫无生气的平静。

我不会拿我的自由和慈善做交易，也不会拿我的尊严换取发给乞丐那样的食物。

我绝不会在任何一位权威面前发抖，也不会屈服于任何恐吓。

我的天性就是昂首挺胸、骄傲、无所畏惧。

我勇敢地面对这个世界，我自豪地说：在上帝的帮助下，我做到了。

创业案例 5-2　"PayPal 黑帮"——硅谷最强大的创业者

从 PayPal（宝贝）走出来的创业者，可能是硅谷里最强大的创业者，《财富》杂志因此把 PayPal 公司称为"PayPal 黑帮"。现在由这个"黑帮"成员创立的著名公司有：Reid Hoffman 创建的 LinkedIn；Chad Hurley、Steve Chen 和 Jawed Karim 一起创建的 You Tube；David Sacks 成立的 Yammer；Keith Rabois 担任 COO 的 Square；Elon Muck 创建的 Space X 和 Tesla；Premal Shah 担任总裁的 Kiva；Max Levchin 创建的 Slide。PayPal 公司的联合创始人也被称为"PayPal 黑帮"教父，Peter Thiel 也投资了 Facebook、Palantir、Zynga 及一大群创业公司。

"PayPal 黑帮"为何会取得如此巨大的成功呢？有以下几个原因：

一是拥有优秀的员工。在 Thiel 和 Levchin 成立 PayPal 之初，他们动用了自己的人脉资源招来很多早期员工。Thiel 从斯坦福招人，Levchin 从伊利诺伊招人。一流的员工吸引了更多一流的员工。

二是创始人广阔的视野。PayPal创始人拥有广阔的视野,这种视野也深深地影响他们的员工,也鼓励员工具有远大的梦想。比如PayPal员工提出在线支付的想法,Thiel就想尽办法支持。

三是创业的勇气和担当。在PayPal创建过程中遇到过各种问题和困难。PayPal最初的商业模式是利用其客户的PayPal账户资金的余额赚钱。但客户常常会取净账户中的资金,PayPal还需向信用卡公司支付3%的费用;eBay限制PayPal使用eBay的资源;某些犯罪组织利用偷来的信用卡号码抽取资金;路易斯安那州还曾完全禁止使用PayPal等。但PayPal克服了各种挑战,最终解决了问题。

四是不断创新和改变。到1999年12月Eric M. Jackson加入PayPal才3个月,PayPal已经做出了两次重大改变:一次是运营平台从掌上电脑转向以网站为主;一次是市场从P2P支付到专注电子商务。在Eric Ries提出"精益创业"之前,PayPal就已经建立了一套产品敏捷开发的流程,通过这个流程PayPal能在1个月里推出好几项新的产品功能。

[资料来源:根据微信公众号"创思舍"原文(作者Eric M. Jackson,编译者为杜国栋)以及李文胜、卢海萍编写的教材《创业基础》案例:史上最强创业团队(案例西北工业大学出版社,2018,P62-63)改编而成。]

主题3　创业精神

一、什么是创业精神?

创业是创业者按照自己的想法及努力开创一个新企业以实现理想的过程。创业本身就是无中生有的过程。这就要求创业者有求新、求变、求发展的心态,能创造新价值获得利润,这一过程充满了创业精神。

创业精神是指创业者具有开创性的思想、观念、个性、意志、作风和品质等。创业精神是创业者在创业过程中的重要行为特征的高度凝练,外在表现为勇于创新、敢当风险、团结合作、坚持不懈等。

创业精神的"核"是创新。创业者通过创新更有效地利用资源,为市场创造出新价值。创业精神关注的是"是否创造新的价值",而不是设立新公司。因此,创业关键在于创业过程能否"将新事物带入现存的经济活动中",包括新产品或服务、新的管理制度、新的流程等。

虽然创业常常是以开创新公司的方式出现,但创业精神不一定只存在于新企业中。一些成熟的组织,只要创新活动仍然旺盛,该组织依然具备创业精神。近年来,很多企业掀起"企业内部创业"的浪潮就是很好的例证。

创业精神具有持续创新成长的强大生命力。创业精神主要包括以下3个层次:

(1)哲学层次的创业思想和创业观念,是人们对创业的理性认识;

(2)心理学层次的创业个性和创业意志,是人们创业的心理基础;

(3)行为学层次的创业作风和创业品质,是人们创业的行为模式。

二、创业精神主要来源于哪些方面？

创业精神指的是一种追求机会的行为，这些机会不存在于资源应用的范围，但未来有可能创造资源应用的新价值。具体来说，创业精神主要来源于激情、积极性、适应能力、领导力、雄心 5 个方面。

人们经常看到很多创业者斗志昂扬，工作时不分昼夜，昼夜不睡觉，第二天仍然精神抖擞，这就是创业激情。维京集团（VirginGroup）的创始人理查德·布兰森（RichardBranson）就是这样一个人，他的一生充满了"激情"。布兰森的激情，从他对创建公司的强烈欲望中可见一斑。始建于 1970 年的维京集团，旗下拥有 200 多家公司，业务范围涵盖音乐、出版、移动电话，还有太空旅行。布兰森打过一个比方："生意就像公共汽车，总会有下一班车过来。"

积极性也是创业精神的重要体现。亚马逊创始人杰夫·贝索斯（JeffBezos）说过"每个挑战都是一次机会"，1995 年 7 月开始创业时，亚马逊还是一家很小的互联网公司，而今已发展成全球最大的书店。20 世纪 90 年代末，互联网公司纷纷倒闭，亚马逊股价也从 100 美元降至 6 美元。雪上加霜的是，美国最大的书店巴诺（Barnes&Nobles）启动在线业务，一些评论家预测，这将彻底击垮亚马逊。在紧要关头时贝索斯挺身而出，向外界表达了乐观和信心，针对批评言论，他还一一列举公司的积极因素。今天，亚马逊年度营收已超百亿美元，这很大程度上得益于贝索斯的积极思考。

具备适应能力是企业家应具备的最重要的特质之一。每个成功的创业者都乐于改进、提升或按照客户意愿定制服务，以持续满足客户所需。谷歌创办人谢尔盖·布林（SergeyBrin）和拉里·佩奇（Larry Page）更进一步，他们不仅对变化及时反应，还引领发展方向。凭借众多新创意，谷歌不断引领互联网方向，拥有这种先锋精神，也难怪谷歌能跻身最强大的网络公司行列。

创业者的领导者力通常都是团队的领导人体现出来的个人魅力和感召力。有道德感、讲诚信，能在团队中树立威信，具有团队协作精神。享誉全球的玫琳凯品牌已近迟暮之年的创始人玫琳凯·艾施女士（MaryKayAsh）曾经帮助超过 50 万名女性开创了自己的事业。很早以前，身为单亲母亲的艾施在一个家用产品公司做销售。虽然 25 年间她的销售业绩一直名列前茅，但因性别歧视，无法获得和男同事一样的晋升和加薪待遇。忍无可忍，1963 年她用 5 000 美元创办了玫琳凯公司。她对别人经常讲的一句话就是"你能做到！"她甚至会用卡迪拉克轿车奖给顶尖的销售人员。艾施因其强大的领导力，被认为是近 35 年来最具影响力的 25 位商业领袖之一。

创业者需要有雄心壮志，有人把它叫作"野心"。中国有句俗语"不想当将军的士兵不是好士兵"，就是表达的这种雄心壮志。20 岁时，戴比·菲尔兹（Debbi Fields）几乎一无所有。作为一个年轻的家庭主妇，她毫无商业经验，但她拥有绝佳的巧克力甜饼配方，并梦想全世界的人都能分享到。1977 年，菲尔兹开设了自己第一家店。尽管很多人认为她仅靠卖甜饼无法将业务维持下去，但菲尔兹的果断决定和雄心壮志使小小甜饼店变成了一家大公司，600 多个销售点遍布美国和其他 10 个国家。

三、培育创业精神有什么办法?

培育创业精神可以采取以下几种方法。

一是模仿法。"桃李不言,下自成蹊",良好人格的养成需要榜样的引路和激励,这甚至比正规课程更有效。很多成功创业者都有这样一个感受,他们的成功离不开一个或几个特定的人物,在他的人生奋斗中,会时时按这个重要人物的言行要求自己、鞭策自己。创业者可从身边的创业成功者身上吸取经验,学习模仿他们的创业精神,可以更快成熟起来。

二是磨炼法。培养创业者的创业精神最有效的办法就是让创业者在创业环境中磨炼意志,培养精神。因为真正的创业者要具有敢想、敢做、敢闯的创业心理品质,所以想创业的人就应该积极参与竞争。另外,在不利的环境中磨炼意志,也是一种磨炼创业心理品质的方法。在很多情况下,人们最出色的事业往往是在承受巨大压力下取得的。

三是实践法。良好创业精神的形成重在实践经验的积累,积极的实践能带来及时的反馈和成就感,也能带来节节成功的喜悦;切切实实地投入创业实践中,定能磨炼出合格的创业精神。只有经受创业实践的锻炼,创业目标才会更加明晰,创业信念才会更加强烈,创业精神也才能更加完备。

四是辅导法。参加政府或各类社会机构组织的为创业者提供个性化创业辅导服务的课程。这种服务一般是一对一的,由经验丰富的企业家或职业经理人自愿担任创业者的创业辅导老师,对提高创业成功率起到了非常重要的促进作用。

创业案例5-3 董明珠的创业精神

格力电器董事董明珠曾说过一句话:"我不觉得自己很强大,只是在做一件事而已。但做决定时,果断是不可少的。"董明珠认为自己在格力只做了一件事,那就是"好空调,格力造"。言必信、行必果,董明珠这种强硬作风深深地影响着格力的企业文化,这也是董明珠能创业成功的基本要素。正因如此,竞争对手才会用"董明珠走过的地方连草都不长"揶揄她的强悍。

太多事例佐证了这一点。从不付款不发货到"淡季返利""年终返利",董明珠几乎凭一己之力改变了空调行业付款的规则。格力也是国内目前唯一可以成功摆脱家电连锁巨头控制的企业,而格力自己组建的区域性销售公司模式,也成为许多家电企业效仿的榜样。

在我国,格力曾像99%的家电企业一样,都有过与外资合资的经历,将别人的技术转化为自己的产品。在20世纪90年代,格力试图向日本大金公司购买一项当时最先进的技术,但被其拒绝了,这让董明珠真正意识到:跟外资合作无非是别人将即将淘汰的技术给你,而他们会有更新的产品、更新的技术与你竞争,还能用这些淘汰技术获得另外的收益。"只有走我国创造之路,才能有我国制造的天下",这让格力在痛定思痛中开展了自主研发之路。为此,格力付出了10年时间。

2009年,格力反过来再次与日本企业大金空调合作,双方站在了一个完全平等的地位上,此时,合作公司以技术攻关为主业,共同研发、共同享用从这家公司中所产生的科技成果。董明珠自豪地表示:"目前大金8P以下除了我国市场的空调产品都是由格力生产的。"

这也帮助格力撬开了最难撼动的日本市场的大门。

"格力掌握核心科技"这句话,在格力内部也几经循环:从最早的"8 年不回头",8 年消费者不回头,到"6 年免费服务",强调"没有售后服务的服务才是最好的服务",这相当于把自己逼到了墙角。"工业精神就是要精益求精。"董明珠说。

格力研发中心有 4 个特殊的实验室,分别研究在微生物、雨打、噪声及模拟环境中对空调运作的影响,模拟环境设计了从高温 80 ℃到零下 30 ℃时空调温度、湿度及风速的运转情况。正是有了这种前期准备,格力在新疆克拉玛伊市场占了 80% 以上的市场份额。而在前几年的南方严寒天气时,格力空调也经受住了考验。

从某种程度上,董明珠就代表了格力,董明珠也几乎扛住了各方面的外来压力。在董明珠的强势领导下,格力强势前行。

思考与练习

1. 苹果计算机创始人乔布斯 18 岁开始创业,肯德基创始人桑德斯 65 岁创业,力帆创始人尹明善 50 岁开始创业,74 岁的褚时健二次创业种橙子。查阅相关资料回答下面问题:

(1)创业与年龄有何关系?

(2)他们成功的关键因素是什么?

2. 如何认识创业机会,调查学校师生有哪些消费需求,这些消费需求是否存在较好的创业机会? 每人交一份书面作业,选若干代表在班上发言,用 PPT 汇报 5～10 分钟。

3. 分小组讨论,绘画出适应未来社会的个人意识、思维、能力、态度肖像画。在此基础上按照小组认可维度,分析出自己现在的状态。

4. 选定一个产品、技术或服务作为你的创业方向,你觉得应该如何准备?

5. 资料搜索:调研小米创始人雷军、京东创始人刘强东、微软创始人比尔·盖茨等人的创业经历,阐述他们身上展现出哪些你欣赏的创业精神和创业者气质。

第6章　创业团队

联合可能是一种力量,但是除非有明智的指挥,否则只是一种盲目的动物的力量。

——塞缪尔·巴特勒

学习目的

通过本章的学习,学生应达到如下要求:
1. 理解什么是创业团队,了解创业团队需要的角色和要素;
2. 了解组建创业团队需要考虑的问题及基本原则;
3. 理解优秀创业团队的标准,学会如何选择创业伙伴;
4. 理解创业团队存在管理冲突及其原因,学会打造高效创业团队。

导入案例

"80后"创业者的创业团队

在中国经济飞速发展的这十几年里,互联网行业涌现出了一批优秀成功"80后"创业者,在他们的创业过程中,都不是一个人而是一个团队。

高燃,大学毕业后进入一家报社做财经记者。随后第一次冲动创业,结果失利;2005年创建MySee三人创业团队,创业团队中两人来自清华新闻系,一人来自北大计算机系,团队拥有社会资源和技术理想。

胡玮炜,1982年生,在创办摩拜之前,她只是一位到北京打工的浙江女孩,做了几年汽车领域的报道,出于对这个行业的热爱,又创办了一家汽车行业的新媒体。由此,她认识了李斌等行业大佬,找到了曾经做过Uber上海总经理、经验丰富的王晓峰,找到了负责产品、技术、运营、BD等领域的诸多高管,让摩拜单车高速运转起来。

朱海琴,云海肴创始人、CEO。2008年,朱海琴从北京师范大学金融专业毕业,2009年萌生开餐饮店的想法。其后,她结识了现在的合伙人赵晗。赵晗是个地地道道的云南人,当时还在中国人民大学读研究生,但一直非常想做云南菜。朱海琴与赵晗两人一拍即合,加上赵晗找来的另外两名伙伴,一个4人的"80后"创业团队就这么诞生了。

刘波,O2O洗衣品牌创始人、CEO,1989年生。"大洗啦"是4个草根"85后"创办的华南首个以互联网主题咖啡吧正式上线的项目。合伙人马鹏在东莞负责团购网的业务,另一个中学同学熊敏在做项目管理。2013年9月,3个人辞去工作,成立了微美网络科技有限公司,半年后,第四个合伙人刘小秋也辞去万元月薪的工作加入进来。

主题1　创业团队的构成

一、什么是创业团队？

创业团队的概念有广义和狭义之分，狭义的创业团队指的是在由两个以上人组成的，有着共同目标、共享创业收益、共担创业风险的创建新企业群体。广义的创业团队则不仅包括狭义创业团队，还包括与创业过程有关的各种利益相关者，如风险投资家、专家顾问等。

本书的创业团队是指狭义上的创业团队。

创业团队需要具备以下一些基本特征：

一是群体非个人，是一群经创意生成并实践后决定共同创业且成立企业的一群人。

二是创建新企业，将新的点子、创意转化为企业运营与实践中。

三是具备"三共"特点，即共有目标、共享收益和共担风险。

与一般团队不同，创业团队要树立统一的目标；创业团队成员能共享创业收益，还能共同承担风险，只能收益，不能担当风险的不属于创业团队，充其量也就是股东。

因此，创业团队是指在创业初期由一群才能互补、责任共担、愿为共同的创业目标而奋斗组成的特殊群体。

二、创业团队和群体有何不同？

这里有几个概念需要弄清楚，一是团队和群体，二是创业团队和一般团队。

团队与群体有以下几点不同：

一是团队不等同于群体，团队中成员所做的贡献是互补的；

二是群体成员的工作在很大程度上是互换的，而团队成员则需要对完成团队目标承担集体责任，同时承担个人责任，而群体成员则只存在承担个人责任；

三是团队的绩效评估以团队整体表现为依据，而群体的绩效评估则以个人表现为依据；

四是团队的目标实现需要成员间彼此协调且相互依存，而群体的目标实现却不需要成员间的相互依存性。

另外，较之群体，团队在信息共享、角色定位、参与决策等方面也有显著优势。

创业团队不同于一般的团队，其主要区别如表6.1所示。

表6.1　一般团队和创业团队的区别

	一般团队	创业团队
目的	解决某类或某具体问题	开创新企业或拓展新事业
职位层级	成员并不局限于高层管理者	成员处于高层管理者的职位
权益分享	并不必然拥有股份	一般情况下在企业中拥有股份
组织依据	为解决特定问题临时组建	基于工作原因而经常一起共事

续表

	一般团队	创业团队
影响范围	只影响局部、任务性问题	影响决策的各个层面,范围广
关注视角	战术性、执行性的问题	战略性的决策问题
领导方式	由公司最高层直接领导	以高层的自主管理为主
成员承诺	较低	高
成员之间默契程度	不正式且影响力小	心理契约关系直接影响公司决策

(资料来源:作者根据刘志阳.创业画布[M].北京:机械工业出版社.2018.参照原文整理。)

三、创业团队需要哪些角色?

创业团队的配置,不仅应该看团队成员个人的创业素质,还应该看他们之间的契合度。英国团队管理专家 Belbin 观察成功团队发现,每个团队组成人员一般包含 3 大类 9 种角色,当团队具备了这 9 种角色时组织活动运行良好。创业团队角色如表 6.2 所示。

表6.2　创业团队角色

角色	角色描述
智多星	解决难题,富有创造者和想象力,不墨守成规
外交家	外向、热情、健谈,发掘机会,增进联系
协调者	成熟、自信,是称职的主事人,凝聚力量向共同目标努力
鞭策者	能激发人,充满活力,有进取心和克服困难的动力、勇气
监控者	冷静,有战略眼光与识别力,倾向于三思而后行
团队工作者	性格温和,善于交际,防止摩擦,在团队中往往广受欢迎的一类人
执行者	记录性强,值得信赖,有保守倾向,办事高效利索,把想法变为实际行动
完成者	勤勤恳恳,尽职尽责,积极投入,找出差错与遗漏,准时完成任务
专家	专注于自身专业知识的探索

(资料来源:作者根据刘志阳.创业画布[M].北京:机械工业出版社.2018:179.参照原文整理.)

四、组建创业团队需具备哪些要素?

创业团队需要具备一些哪些要素,这是值得每个团队思考的问题,具体来说有以下一些基本要素,如图 6.1 所示。

(1)目标。有一个既定的共同目标,团队所有成员共同努力的目标。

(2)人。构成创业团队最核心的力量,由那些全身参与企业创建过程、共同分享创业苦乐、全心实现企业成长的成员构成,不包括律师、会计师等部分参与企业创建的外部专家。

（3）创业团队定位。选择在企业中的位置,解决选择和决定团队成员以及团队对谁负责等问题,并对创业者进行定位。

（4）权限。团队领导者权力的大小,创业团队可以是领导者,也可以是一般员工。通常而言,团队越成熟,领导者权力越小。

（5）计划。保证最终实现创业目标,制订良好的工作流程。

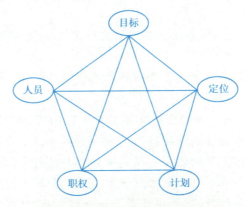

图6.1 团队构建五要素

创业案例6-1 携程创业团队

梁建章、沈南鹏、季琦和范敏构成的携程创始人团队是中国互联网企业中构成最复杂、职位变动和交接最多的一个,但也是过渡最平滑、传闻最少的一个,他们共同为携程的今天贡献了自己的力量。

在1999年约定创业之前,梁建章、沈南鹏、季琦已经是好朋友。三人相约进入旅游业后,就决定要找一个旅游业人士加盟。创业伙伴的起点一定要高,宁缺毋滥,这是三人最初的决定。为此,他们并不拘泥于小节。梁建章、季琦二人遍访上海旅游界能人,最后他们选择了范敏。季琦1999年年末第一次去找范敏时,"来意不明"的季琦被范敏的秘书挡在门外,坐了几十分钟的"冷板凳"。范敏后来说,幸好季琦没因一时之气而离开,否则自己失去了一个机会,携程也可能就不那么完美了。

携程四人团队在1999年创业之时皆人到中年,他们都已在各自的领域功成名就。四位创始人根据各自的经历大体定下了人事架构。沈南鹏出任CFO,他此前是德意志银行亚太区总裁。季琦和梁建章相继出任CEO,前者此前创办了上海协成科技,擅长市场和销售,主外;后者是甲骨文中国区技术总监,擅长IT和架构管理,主内。最后一个加入的范敏,此前是上海旅行社总经理和新亚酒店管理公司副总经理,他出任执行副总裁,打理具体旅游业务,而后逐步升任COO以及CEO。性格方面,季琦有激情、锐意开拓;沈南鹏风风火火,一股老练的投资家做派;而梁建章偏理性,用数字说话,眼光长远;范敏则善于经营,方方面面的关系处理得体。四人特长各异,各掌一端。

范敏用比喻形容四位创始人的定位:"我们要盖楼,季琦有激情,能疏通关系,他就是去拿批文,搞来土地的人;沈南鹏精于融资,他是去找有钱的人;梁建章懂IT,能发掘业务模式,他就去打桩,定出整体框架;而我来自旅游业,善于搅拌水泥和黄沙,制成混凝土去填充这个框架,楼就是这样造出来的。"

在美国接受教育并且工作多年的沈南鹏、梁建章,与接触过国外文化的民营企业家季琦、国有企业管理者范敏,构成了中国企业史上的一个奇妙组合。1999 年,四人创立了携程网,2002 年,四人创立了如家,在中国的企业家中,三年内两次把自己创办的企业送进美国纳斯达克股市,他们是纪录的创造者,所以,这四个人堪称"第一团队"。

季琦——团队的实干者和推动者。1997 年开始,做过很多生意。后认识梁建章,成为好友,决定共同创业。

梁建章——团队的信息者、技术者。原甲骨文中国区咨询总监,看到美国互联网发展迅速,提议做网站。

沈南鹏——团队的监督者、完美者。当时德意志银行的董事,是季琦同届的校友,与梁建章在美国相识。

范敏——团队的行业专家。当时已在旅游业工作了 10 年,时任大陆饭店的总经理,待遇优厚。范敏是季琦的校友,通过多人辗转找到,三顾茅庐挖来。

4 人按照各自的专长组成"梦幻组合":梁建章任首席执行官,沈南鹏任首席财务官,季琦任总裁,范敏任执行副总裁。在第一团队的组合里,没有"皇帝",也没有"大哥";他们虽有同学之谊、朋友之情,但性格、爱好迥然不同,经历各异;他们创立的携程和如家虽然经历了多次高层人事变更,但从来没有发生过震荡,都在纳斯达克成功上市,并且一直保持着优异的业绩。他们为中国企业树立了一个高效团队的榜样,最终获得了共赢的结局。

主题 2　组建创业团队

一、组建创业团队需要重点考虑哪些问题?

通常在组建创业团队时,重点会思考以下问题:
(1)选择什么样的队友? 选择多少个队友? 选择是一成不变的吗?
(2)如何组建创业团队? 先定目标还是先找人? 如何保障团队的有效性?
(3)哪些是组建团队必不可少的因素? 怎么理解这些因素的重要性?
(4)考虑过创业失败的风险吗?
(5)如何选择团队成员? 你最看重成员的哪个方面的特点?
(6)如何分配各成员利益? 如何处理各成员关系?

二、成功的创业团队需要哪些关键要素?

在创业过程中,创业者、创业机会是决定因素,创业机会需创业者来发现,可见,创业者处于更重要的地位。一个善于管理内部冲突、目标一致,善于利用认知性冲突的创业团队,必然能在同等创业资源的条件下胜人一筹。

这些要素包括商业机会、核心创业者、外部资源共同的价值观和目标,团队成员的角色定位清晰且能互补,机会成本及亲友的态度等,如图 6.2 所示。

图 6.2　创业团队成功的关键要素

商业机会指的是存在于某种特定的经营环境条件下,可以通过一定的商业活动发现、分析、选择、利用,并为企业创造利润和价值的市场需求。

核心创业者一般是指具备搭建精英团队的能力、开发高门槛产品的能力及坚定的创业信念的三大能力的人。

机会成本及亲友的态度中机会成本是指为从事某项经营活动而放弃另一项经营活动的机会,一般来说,亲友持支持态度对创业者比较有利,反之则有阻碍作用。

外部资源是指其他企业的资源和公共资源等,具有可利用性和相对无限性等特征。当企业使用外部资源时,既可以以较高的代价获取外部资源的所有权和使用权而将其转变为内部资源,也可以付出较低成本只取得使用权。

价值观和目标企业及其员工价值取向是指企业追求经营成功过程中所推崇的基本信念。

团队成员的角色定位一般可以分为项目发起人、联合创始人、全职合伙人、投资合伙人及普通员工。

三、组建创业团队需要坚持哪些基本原则?

互补原则:每个创业者都有自身优势,但不可能具有创业所需要具备的所有技能或知识。创业者之所以寻求团队合作,其目的就在于通过合作者之间的能力互补或互助起到弥补创业目标与自身能力间的不足的作用,从而发挥出"1+1>2"的协同效应。因此,选择创业合作者需要特别注重互补原则。但值得注意的是不仅要寻找那些目前拥有未来创业团队所需要技能的人员,也要寻找那些具备技能开发潜能的人员。

(1)精简高效原则。为了减少创业期的运作成本,更快速地收回成本,产生最大经济效益,缩短回报期,创业团队人员构成必须坚持企业高效运作的前提下尽量精简的原则。比如很多创业企业总经理兼技术总监、总经理兼营销总监等。

(2)动态开放原则。应注意保持团队的动态性和开放性,使真正完美匹配的人员能被吸纳到创业团队中来。创业伊始,创业团队成员资源的重点可能是客户资源,创业团队中吸纳有客户资源的创业团队成员非常关键,等项目运营一段时间后发现,客户有了,技术有了,但精细化管理非常必要,这时团队需要吸引或调节增加擅长管理的人员加入创业团队。

(3)目标合理原则。目标必须明确,这样才能使团队成员清楚地认识到共同的奋斗方向是什么。与此同时,目标也必须是合理的、切实可行的,这样才能真正达到激励的目的。

四、如何评估一个创业团队?

创业团队契合度可以作为组建团队的一个量化标准,它由创业目的、价值观念、知识结构和个性所构成,可以通过设计调查问卷进行评估,如表6.3所示。

表6.3　创业团队评估表

序号	选项	评估内容
1	创业目的	①加入创业团队,我最希望得到的是丰厚的物质报酬。 ②创业的价值在于可以有一份事业,为之忙碌,充实生活。 ③创业者不必为他人打工,可以得到更高的社会地位。 ④创业是一个施展抱负的舞台,可以激发自己的兴趣和提高能力。 ⑤创业也是对社会的一份责任,不只是个人的事情
2	价值观念	①企业的责任在于为顾客提供优质的产品。 ②企业应该重视员工的福利和发展。 ③企业应该具有一定的社会责任感。 ④企业的本质在于赢利,只是赢利的企业才是成功的
3	知识结构	①我专业好,研究能力强且拥有相当深厚的行业背景。 ②我比较擅长统筹规划,领导能力丰富。 ③我拥有出色的市场敏锐度,善于把握商机。 ④我喜欢与人打交道,沟通能力强
4	个性	①我认为,人可以控制自己的命运,并愿意接受任何挑战。 ②我是个自信的人,倾向于说服别人同意自己的观点。 ③我不太善于控制自己的情绪,喜欢随心所欲。 ④我喜欢新鲜的事物与热闹的地方,讨厌一成不变。 ⑤我不喜欢与人争辩,宁可为此放弃某些利益。 ⑥我倾向于沉浸在自己的世界中,不愿被人打扰。 ⑦我擅长深入地思考与分析,并以此为乐。 ⑧我通常保持平静而良好的心境,能理智地处理大部分事宜

对每个选项打分(0~5分,分别表示"不赞同—十分赞同"的程度变化)。每位成员独立完成,将其得分记录下来,求出需要的统计数据,例如均值U和方差E。

表6.4　创业评估均值与方差

项目		成员1	成员2	成员3	成员4	均值U	方差E	总分
(一)创业目的	1							
	2							
	3							
	4							
	5							

续表

		成员1	成员2	成员3	成员4	均值U	方差E	总分
（二）价值观念	1							
	2							
	3							
	4							

		成员1	成员2	成员3	成员4	均值U	方差E	总分
（三）知识结构	1							
	2							
	3							
	4							

		成员1	两项总分	类型	成员2	两项总分	类型	总分
（四）个性	1							
	2							
	3							
	4							
	5							
	6							
	7							
	8							

每一部分都有一个总分（以下简称S），这是形成最终测评结果的基础。计算方法每部分不同，具体为：

第一部分：$S1=(U1+U2+U3+U4+U5)/5+1-(E1+E2+E3+E4+E5)/5$

第二部分：$S2=(U1+U2+U3+U4)/4+1-(E1+E2+E3+E4)/4$

第三部分：$S3=(U1+U2+U3+U4)/4+1-(E1+E2+E3+E4)/4$

第四部分：先将1与2（胆汁型），3与4（多血型），5与6（抑郁型），7与8（黏液性）各自两项的积分写入"两项总分"，四者中取最高分作为最终定型，填入"类型"。

创业团队契合度计算公式：一致类型的人数/总人数+4。

创业案例6-2 先有人还是先有事

甲乙两人是高中同学，来自中国西部地区，凭着勤奋和努力两人分别考入上海两所不同的大学。毕业后甲去了大公司做IT，乙一直做着小生意，但他心里总想找到一个商业机会来一次真正的创业。甲是一位优秀的 IT 男,本硕连读,回国后尚未毕业就去了一家国际知名的从事移动设备制造的公司做编程实习工作。作为业界翘楚,从实习到毕业后留用的近两年时间,甲的年薪已达 40 万元,还买了车,挂上了上海牌照,车开出去很拉风。可这位 IT 男,骨子里就不安分,几十万元的年薪拿了不到两年就坐不住了。他觉得打工干到 30 多岁就会遇到瓶颈,从一毕业他仿佛就能看到 10 年后自己的境况,而且一直从事编程,枯燥乏味。他总想单干,可以自己把握命运,创造富有想象力的未来,但干什么项目却没想好。

甲在一次同学聚会时遇到高中同学乙,听说他一直在创业,欣然表示一起干。由于双方关于创业的志向强烈且相同,又是老同学知根知底,无须再互相考察,故一拍即合。创业团队就这么在一次偶遇之后愉快地组建了。

由于无现成项目,哥俩开始频繁参加各类创业沙龙、创业培训等,旨在找寻灵感或从其他创业者那儿"批发"个项目做。在一次沙龙活动后,遇到了演讲嘉宾丙,丙是一位资深企业管理培训师,博学多才,人脉宽广,到处演讲赚钱,名气也是响当当的。乙提出何不利用丙现成的资源组成三人创业团队,搞一个读书会。丙本身就可以产生名人效应,可以作为品牌加以打造和推广,将丙阅读过的书籍内容高度浓缩后做成视频和 PPT,然后以读书卡的形式赢利。显然这是一个非常好的项目,人力、物力无须投入很多,书卡作为内容载体卖钱,而内容制作的成本本身也不高,书卡卖出后内容的制作成本凭借卡卖出量的增加而使边际成本趋于零。

这种盈利模式类似于微软的 Office 软件,卖得越多开发成本就越被摊薄了,能赚取的单位利润就越高。书卡卖的是浓缩的知识,那么谁需要这种快餐式的精神产品呢?甲乙二人想到了创业家、企业家。这群人公务繁忙,很少有时间静下来阅读,但同时又需要知识储备不断充实自己,拓展自己的视野,并且这个群体的人社交需求广泛存在,无论是面对生意场上的朋友,还是私人圈子里朋友之间的交往,都需要谈资,书卡承载的内容正好符合目标人群的需求。

甲在这个创业团队中担任 CEO,负责公司日常管理和销售渠道拓展;乙担任市场总监,做市场活动扩大读书会的知名度,负责视频及 PPT 内容的制作;丙兼职创业,不参与日常工作,但由于这个读书会一开始就是以丙的姓名命名,大家考虑走名人效应路线,因此,丙在重大事务的决策影响力是巨大的。

在产品定位上,甲提出的读书卡定位是满足小企业家们装"逼"的心理需求,丙认为定位应当是改变中国人的读书习惯。乙的观点最终倒向了丙。三人团队在战略问题上发生分歧,严重性可想而知。接下来全职创业的甲和乙的职位分管工作发生了调整,甲负责产品内容的组织设计和一些内部行政管理,俨然降格为产品经理,乙倒向丙,有丙的支持乙成了 CEO。这样的权力再分配,使三人间产生离心力。甲心里很郁闷,他认为:"乙和丙对产品的价值定位是教育部部长考虑的事情,压根不是一个小小创业企业该做的。客户当下的痛点和痒点才是创业企业的出路,要聚焦这一点。这种需求是典型的目标群体内心有但又不可言说的,市场上又无此产品满足的。创业企业就是要解决客户这类聚焦性需求,攻其一点,而不是去改变客户的行为习惯,比如阅读习惯。因为要改变客户的认知行为和行为习惯,需要先进行市场教育,这么大体量的资源消耗怎是初创企业可以承载的?"

思考与讨论:

这个创业团队从一开始对事的分歧逐步演变成权力再分配,最终造成人心分歧,有点"出师未捷身先死"的味道,缘何造成这一局面?

主题 3　创业团队管理与优化

一、创业团队存在管理冲突的原因是什么?

导致创业团队冲突的原因有很多,但基本上可以分为认知冲突和情感冲突两类。

认知冲突是指团队成员对有关企业生产经营过程中出现的与问题相关的意见、观点和看法所形成的不一致性。一般而言,认知冲突对事不对人。一个有效的团队在生产经营管理过程中存在分歧是一种正常现象,且这种认知冲突的结果将有助于改善团队决策质量和提高组织绩效,对形成高质量的方案起着关键性作用。对创业团队而言更是如此,只有不断地创造和引导认知性冲突,在思想的碰撞中产生智慧的火花,新企业才能不断地在创新中发展和壮大。

与此相反,情感冲突则容易在团队成员之间挑起敌对、不信任、冷嘲热讽、冷漠等表现,而情感上的抵触,会极大地降低团队的有效性,降低工作效率。

对团队的绩效而言,冲突可能是有益的,也可能是有害的,关键看该冲突是认知冲突还是情感冲突。核心创业者在管理创业团队的冲突时应采取积极措施,杜绝或减少情感冲突,引导和创造认知性冲突,保持创业团队良好的合作和不竭的创新动力。

二、如何缓解个人与团队之间的冲突?

创业阶段个人与团队之间的冲突,通常是由于团队成员受到外部环境因素或团队内部其他成员的影响,产生一些负面情绪,导致个人行为偏离团队发展轨迹而形成的。具体表现为:个人的思维方式、表现行为与团队难以形成一致,甚至出现严重分歧或激烈冲突,给团队发展造成强大的阻力,例如失去了创业成功的信心,对自己的发展战略或者营销策略产生怀疑、缺乏做事的激情、工作效率低下等。

其解决方案有两种:第一种是"直接式",即采取团队公开讨论的方式。在这种方式下,每一位成员都可以开诚布公地就冲突行为发表评论并提出解决方案,例如个人在团队活动中喜欢与不喜欢的行为、冲突行为的危害性或者负面影响、期望产生冲突问题的个人如何整理并重新融入团队。解决问题的过程中需要注意把握以下几项原则:一是团队成员之间的互相信任与帮助是解决一切问题的前提。二是问题个人要对其行为改进做出承诺,同时需要有人监督其改进过程与时效。三是在彼此信任的前提下,团队成员一定要有培养、等待的耐心。这就进一步要求团队成员必须意识到,一个完美创业团队的创建过程,其实也是创业团队成员之间不断磨合、相互帮助、共同改进的过程,出现问题是不可避免的。

第二种是"间接式",即私下面谈。即由创业团队核心领导或者负责维护团队关系的成员与表现出冲突行为的个人私下面谈,这种方式一般适用于问题并不是特别严重或者问题个人自尊心较强的情况。

面谈过程中,负责面谈的成员需要把握以下几个关键问题:了解具体的问题行为及其背后的原因;说明问题行为对团队的"破坏力"及其问题的严重性,推荐可替代的行为方案,或者共同提出对方认可的个人改进方案。

三、如何合理激励创业团队?

创业者在创业过程中始终都需要考虑的一个问题是:如何更合理地激励创业团队? 这是创业团队成员极为关注的话题,毕竟取得合理的收益是创业收获的具体表征。是否解决好这个问题直接关系到创业企业的存亡。

绩效评价是关键。在考虑创业团队激励和制定相应报酬时,需要对各团队成员贡献大小进行衡量。而各成员的贡献在性质、程度和时机上都会因人而异,所以进行绩效评价时可以重点考虑这些方面:创业思路、商业计划准备、敬业精神和风险、工作技能、经验业绩记录或社会关系、岗位职责。

注重物质报酬和精神激励。新创企业的薪酬制度应该能够激发并促进管理团队的积极性,使他们更好地把握企业的商业机会。它必须贯穿建立团队、增强创业氛围和培养团队有效性的整个过程中。是否吸引到高素质的团队成员并留住他们,这在很大程度上取决于给予他们的物质报酬和精神鼓励。一般来说包括经济报酬(股票、薪金和补贴)、非经济报酬(技能、声誉)。

四、如何打造高效创业团队?

(1)明确界定的目标。明确界定的目标就好比一座灯塔,永远照亮团队前行的方向与道路,并激励着团队不畏艰难险阻地去实现预期目标。目标的制订,要求遵循 SMART 原则(Specific 具体的、Measurable 可衡量的、Attainable 可达到的、Relevant 相关性、Time-bound 截止日期)。

(2)建立优秀的创业团队文化。James Collins 在《基业长青》一书中总结"高瞻远瞩的公司能够奋勇前进,根本因素在于指引、激励公司上下的核心理念,亦即核心价值观和超越利润的目的感"。因此,在创业阶段能否树立共同的价值观、建立优秀的创业团队文化,通常会决定一个创业企业能走多远。

(3)时刻在创业团队内部形成高度一致。无论是明确界定的目标还是优秀的企业文化,只有在团队内部形成高度一致,才能发挥其无穷的力量。因此,在创业过程中,核心领导对此必须保持高度警觉,时刻"掌好舵",以确保团队朝"总体一致"的方向前进。

(4)注重学习与创新。学习与创新,是创业团队实现自我成长、适应不确定性环境并最终达成未来目标的唯一途径。一方面,团队内部通过加强内部学习、认知共享,同时注重向外界汲取新的知识,不断提升组织的学习能力;另一方面,团队应重视创新氛围的营造,鼓励通过学习促进创新能力的提升,鼓励团队成员的创新意见与创新思维。

(5)实施有效的激励机制。有效的激励机制可以提高团队成员的积极性、优化组织结构,并形成良好的竞争氛围,同时为后期建立科学的公司治理机制奠定基础。建议创业初期就明确提出合理的股权激励方式,不可模棱两可或存在潜在的"不公平性",避免后期出现"扯皮"现象,而且最好不要选择均等股份的形式。

（6）开展创业团队绩效评估。有效的团队绩效评估可以帮助团队领导者从结果、过程两方面全面评估团队建设的绩效及个人的绩效，同时查找问题出现的原因，并提出相应的改进方案。同时，绩效评估结果也是实施激励机制的重要依据之一。针对个人绩效的评估，主要评估指标包括创业思维、商业计划准备、敬业精神和风貌、工作技能和关系、岗位职责等；评估方式以团队内部成员互相评议、用户满意度、管理层评估三种方式为主。针对团队绩效的评估，可使用团队建设绩效评估表。

（7）有效解决创业团队问题。高效创业团队的塑造过程本身就是创业团队成员之间不断磨合、相互帮助、共同改进的过程。因此，创业过程中会受到主观或客观因素的影响，出现一些问题与障碍，例如个人与团队的冲突、团队"卡壳"等问题。对于创业团队走向成熟、实现创业目标也是极其重要的。

创业案例 6-3　小米团队

小米公司 2010 年 4 月成立，是一家专注于高端智能手机自主研发的移动互联网公司，已获得来自 Morningside、启明、IDG 和小米团队 4 100 万美元投资，其中小米团队 56 人投资 1 100 万美元，公司估值 2.5 亿美元。2011 年 8 月 16 日，小米公司成立仅 1 年零 4 个月，开始手机硬件设计制作仅一年时，他们发布了第一款小米手机。最关键的是，按照小米董事长、CEO 雷军的说法，这款小米手机将是一款性价比极高的高端智能手机。能够成就如此小米速度的，是小米公司那 7 个堪称超豪华的联合创始人团队。雷军是金山软件的董事长和著名的天使投资人，林斌是谷歌研究院的副院长，洪锋是谷歌的高级工程师，黄江吉是微软工程院首席工程师，黎万强是金山软件人机交互设计总监、金山词霸总经理，周光平是摩托罗拉北京研发中心总工程师，刘德是一位来自世界顶级设计院校 Art Center 毕业的工业设计师。

小米团队成功，主要有以下几点原因：

（1）每个人能发挥自身所长，各司其职。雷军是董事长兼 CEO，林斌是总裁，黎万强负责小米公司的营销，周光平负责小米的硬件，刘德负责小米手机的工业设计和供应链，洪锋负责 MIUI，黄江吉负责米聊，后来增加了一个负责小米盒子和多看的王川。这几位合伙人除了理念一致，大都管理过超几百人的团队，更重要的是都能执行彻底。

（2）组织层次清晰，分工明确。小米的组织机构，一层产品、一层营销、一层硬件、一层电商，每层由一名创始人坐镇，大家互不干涉。

（3）新鲜独特的"有人排队的小餐馆理论"。小餐馆成不成功的标志是没有人排队，小米要做有人排队的小餐馆，小米的所有人都在产品的一线，而不是当老板、管理者。

（4）在工作上达成共识，有强烈的时间观念和敬业精神。在内部，他们统一共识为"少做事"，少做事，才能把事情做到极致，才能快速，工作效率和质量达到双赢。

（5）信任是关键。与中国大多数创业公司不同，小米科技完美的团队阵容让投资商在不清楚创业细节时，就选择了资本注入。在管理自己设计团队时，雷军也强调信任的重要性。他笑称自己签每一笔报销都是闭着眼睛签名，其实这就是对下属的一种信任。

（6）时间轴。管理新名词，团队对小米科技发展有一个共同的、明确的、有时间规划性的目标，"时间轴类似国内企业热点词战略"，在小米科技的发展中贯穿着对时间轴的概念，即对未来的时间规划非常清晰。

思考与练习

1. 如果你想创业,请在班上或者你熟悉的同学、朋友中选择成员组建创业团队,并说明你的团队类型、特点和优势。

2. 请对照创业能力素质要求,用清单列出自己的长处和短处,并找室友也列一份,看看有什么不同?

3. 你认为大学生创业者相对于一般的创业者有哪些优势和劣势?

4. 完成团队组建:

(1)小组成员相互介绍,并表述对方的特点。

(2)选出组长,并说明理由。

(3)制订小组的标志(logo),并说明理由。

(4)制订小组的口号,并说明理由。

(5)明确小组各成员分工,按职就岗,需说明岗位即人员安排的考量与理由。

(6)描述出小组的核心特征(DNA)。

5. 调研分析:调研华为、小米、字节跳动、腾讯、百度、三一重工等国内知名企业的初创团队构成,总结其团队主要特点。

第7章 创业机会

一个明智的人总是抓住机会,把它变成美好的未来。

——托·富勒

学习目的

通过本章的学习,学生应达到如下要求:

1. 理解创业机会的概念及其基本特征;
2. 了解创业机会的主要来源,学会识别创业机会;
3. 掌握创业机会的评价步骤及筛选方法;
4. 了解创业风险的主要来源,学会评估、识别和规避创业风险。

导入案例

谷歌如何识别与开发创业机会

谷歌是在1998年由塞吉·布林与拉里·佩奇共同创办的。两位创始人的家庭背景有着相似之处,两人在数学和计算机方面有着超出常人的能力,这为后期的项目开发和事业开拓奠定了一定的基础,而喜好辩论、愿意接受挑战和解决问题的个性也使两人在斯坦福大学碰到一起,决定着眼于搜索这一"鸡肋"领域,竭力为用户提供一个高效、准确、简洁的搜索引擎。校友(雅虎两位创始人大卫·费罗和杨致远均出自斯坦福大学)以搜索发家给了布林和佩奇一些启发,着眼于互联网搜索发展的现状以及两人相似的爱好和个性也促使他们决定一起闯出一片天地。雅虎的成功进一步显示了人们对搜索业务的浓厚兴趣,但如何在冗杂的网络信息中找到自己所需要的,已经成为摆在技术人员面前的一道难题,而这也正是两位创业者决定要前进的方向。另外,诸如佩奇的一位老师的点拨、宿舍室友的帮助以及创业伙伴布林的研究,都给两人一起决定投身于网络搜索业务做好了铺垫。谷歌深知技术型企业中人才的重要性,秉承"只雇佣最聪明的人"的标准,公司招聘了大批具有博士学位的人员,其中还包括一名外科医生和一名航天技术工程师,其独特的针对技术开发人员"80-20"和管理人员"70-20-10"的创新法则,在业界引以为傲,既重点关注核心业务成长,又不失发挥员工的创想,进而在公司内部形成一个由下至上的创新系统。在所构建的谷歌平台上,与内客供应商、用户、广告商以及创新者等的合作,源源不断地为谷歌提供创新动力。

谷歌在上市之初给投资者写的一封信中,开头就指出:不作恶(don't be evil)。对佩奇和布林来说,两人的目标十分明确,希望将谷歌打造成一家能使世界变得更加美好的公司,而"整合全球信息,使人人皆可访问并从中受益"的公司使命也凸显出谷歌的全球定位性和超前意识。

谷歌倡导并鼓励一种创新、民主的企业文化。从工程师的观念创新落实到产品设计营销,最后延伸到管理,在谷歌的每个环节都有体现。

(资料来源:陈忠卫,史振兴.创业机会的识别与开发研究:以微视与谷歌的案例比较[J].
管理案例研究与评论,2010(4):273-284.)

主题1　创业机会界定

一、什么是创业机会?

创业机会在整个创业过程中处于非常重要的位置。创业机会是创业活动的源头,创业就是从发现、挖掘、利用某个创业机会开始的。创业机会属于商业机会的范畴,是一种特殊的商业机会。

创业机会必须能在市场上接受考验,能有持续的利益潜能;创业机会有其市场定位,有其价值脉络与竞争前景。创业机会和商业机会之间存在着紧密的联系。把握一般商业机会同样能够创业,其差别在于把握创业机会的创业活动的风险更高,相应的回报也更高,在创业活动中,大部分创业者都是把握一般商业机会从而成功创业的。

通常,需求决定了满足需求的方式,满足需求的方式又制约了需求的实现。没有需求,满足需求的方式就失去了存在的意义,反之,有需求而没有能满足需求的方式,需求也就没有可能实现。所以,创业机会究其本质是一种未满足的需求。创业机会识别本质上是对客户需求的识别,由于客户需求的复杂性、多元化和动态性,使创业机会识别也成为复杂的过程。

因此,创业机会是指有吸引力、较为持久、一种尚未满足的有效需求。它最终表现为能为消费者或客户创造价值或满足价值的产品或服务。

二、创业机会有哪些基本特征?

(1)有吸引力。它必须代表一种客户渴望的未来状态。首先是创意,但创意不等于创业机会。创业机会应具有基本的商业可行性,即创业机会能在当前或不久的将来的商业环境中行得通。

(2)可利用性。依附于为买者或终端客户创造或增加价值的产品、服务或业务,必须解决客户的"痛点"。

(3)及时性。机会是现时消费者的需求。

(4)持久性。它必须处在一个持续放大的机会窗口下。创业机会需要在机会窗口存在的期间被实施。

(5)创业者需要具备相应的资源,根据自身条件把握创业机会。创业专业的差异及资源包括人、财、物、信息、时间和技能等,这是将创业机会转化为现实生产力的基础。

创业案例 7-1 讨论：黑暗餐厅

2003 年，清华大学学生陈龙在准备 GMAT 考试时无意间接触到"Darkness Restaurant"这个词。经查此词源于 1999 年苏黎世的"盲人餐厅"，目前有 4 家欧洲黑暗餐厅（苏黎世、巴黎、柏林和伦敦），分别由 4 个公司经营。经过考察，亚洲尚无第二家。陈龙从中发现了商机。他与两个朋友成立乐港餐饮公司，共同运作"巨鲸肚黑暗餐厅"连锁品牌。2007 年元旦，亚洲首家"黑暗餐厅"在北京开业。2008 年，获得中厦投资首轮 1 000 万元的创业投资。这家名叫"巨鲸肚"的黑暗餐厅位于北京郊外，它的名字来源于《巨鲸历险记》。餐厅外观为全黑色，内部几乎没有光线。客人进入餐区必须由佩戴夜视镜、经过特殊培训的侍应生引导，经由特殊设计的单行线盲道进入黑暗餐区。在进入黑暗餐区之前，顾客不允许携带任何发光体入内。

巨鲸肚采用"创意社交"的餐厅经营理念，营造出黑暗的神秘酷体验。主要顾客为敢于尝鲜的时尚年轻人群，如要好的朋友、富有情趣的情侣和打算恶整别人的家伙等。在餐厅内部，顾客除了体验摸黑吃饭的乐趣，享受"黑暗餐厅"特质美食（主要是套餐，最低价格 168元），还能欣赏到餐厅为顾客准备的一场创意十足的"黑暗剧"。另外，陈龙正在为黑暗餐厅加载更多的功能，如提供婚宴、年会等服务，以及针对顾客多为情侣的社区网站等。

"巨鲸肚"黑暗餐厅在刚开业期间食客络绎不绝。大家表示，在伸手不见五指的黑暗中享受美食，真是太刺激了。"黑暗餐厅"屏蔽了人们的视觉，鼓舞人们尝试只依靠触觉、嗅觉、味觉和听觉来体验独特的进食过程。这对绝大多数人来说，都是从未有过的体验。

主题 2 创业机会识别

一、创业机会主要来源有哪些？

一是新市场需求。发现新的市场需求首先需要对已有的市场进行细分，找到适合自身发展的"利基市场"，即"缝隙市场"。出色的创业者擅长利用市场空白创建一些成功的缝隙企业。例如，越来越多的高收入人群开始注重提升自身层次品位、文化修养，但由于平时工作应酬繁多，无暇做此类事情，在高档社区内的新装修房屋的业主大多有精细化个人定制的需求。

二是新技术新知识。新的技术和知识有助于创业者创造出消费者需要的新产品或新服务。主要体现在四个方面：一是新技术替代旧技术，在某一领域出现了新科技和技术的突破，从而出现新的机会，例如人类基因技术的突破，将在生物技术领域出现很多机会；二是实现新功能，随着互联网的普及，网购已经成为一种基本的购物方式，但网络购物安全被很多网民所担忧，这也导致线下代购店的诞生；三是创造发明，新创造的产品和服务能满足消费者的需要，例如，新材料的发明。四是新技术的附带问题，很多新技术都是具有两面性的，在带来某些利益的同时也出现了新问题，新问题同样给创业者带来新机会。

　　三是创造了新的顾客价值。新顾客价值能够提升产品或服务性价比,获得新顾客或加深顾客忠诚度。例如,传统团购网站一般是先与商家沟通,由商家发起团购,而"反向团购"采取逆向思维,由用户看到喜欢的产品自发地组织团购,在适当时间,聚合一帮有同样需求的人,购买同种产品,使商家在薄利多销的情况下主动提供优惠。在"反向团购"中,商品议价权向终端消费者方向转移,并且用户知道自己想要的是什么,只要商家提供的价钱合适,质量也符合要求,就可以团购。"反向团购"不仅可以集合大量零散购买者以增强与商家的议价能力,而且企业可以极低的成本从团购者口碑传播中获得收益。

　　四是新政策、法规带来人的行为改变。从2011年5月开始,醉酒后驾驶违法行为已上升为违反刑法规定,由此过去"叫好不叫座"的酒后代驾服务开始走俏。中国的酒文化源远流长,亲朋好友聚会,应酬接待,开车人常常很难推却喝酒的邀约。随着"醉驾入刑",一种以疏导为主的"酒后代驾"服务,很好地解决了亲朋好友饮酒助兴与驾车安全的矛盾,赢得了有车族的青睐。

　　此外,社会经济大环境发生宏观变迁,变化主要包括:①产业结构变化;②人口结构变化;③政府监管政策变化;④经济发展方式的变化;⑤消费者消费观念变化;⑥人们生活方式的多元化等。这些变化交织在一起,会给各行各业带来良机,人们通过这些变化,就会发现新的创业机会。

二、如何识别创业机会?

　　在创业机会识别过程中,应该具备两个条件:一是"要能够发现价值",即获取高价值的商业信息,而这种信息往往是他人难以接触到的。这主要是从信息获取渠道以及个人创业愿望两个方面来理解。例如,拥有有助于获取信息的工作或者生活圈子、具备优越的社会资本条件、时刻保持创业警觉以及强烈的创业愿望,有利于创业者获取他人难以接触到的高价值信息。

　　二是"要能够分析价值",即分析出商业信息的价值所在并做出准确的判断与决策。当然,影响信息分析能力的因素有创业者个人或者团队的智力结构与先前经验、创新思维能力、创业者是否拥有乐观的心态、创业者是否具备敏锐的洞察力等。

　　以上二者缺一不可,如果能够发现价值信息却不会分析、处理和运用,所获信息将变得一文不值;如果只具备强大的信息分析与处理能力,而没有价值信息来源,也只能是"巧妇难为无米之炊"。

创业聚焦7-1　创业机会识别方法

　　常用的创业机会识别方法有以下四种,即市场调研、系统分析、问题导向与创新变革获得机会。

　　1. 市场调研发现机会。一手资料与二手资料的调研获取机会。比如通过与顾客、供应商、代理商等面对面的沟通,获取一手资料与信息,了解现在发生了什么以及未来将要发生什么。例如,瑞士最大的音像书籍公司的创始人说,他就有一个这样的笔记本,当记录到第200个想法时,他坐下来回顾所有的想法,然后开办了自己的公司。

2. 系统分析发现机会。已成为当今时代创业机会识别最常用、最有效的方法之一。今天绝大多数的创业机会都需要通过系统地分析才能发现。以日本汽车公司识别并把握美国汽车市场机会为例。20世纪60年代初，日本汽车公司利用政府、综合贸易商社、企业职能部门，甚至美国市场研究公司广泛搜集信息，进行市场调研，结果发现有机可乘：美国人把汽车作为身份或地位象征的传统观念正在逐渐削弱，汽车作为一种交通工具更重视其实用性、舒适性、经济性和便利性；美国的家庭规模正在变小，三五口之家大量出现；美国汽车制造商因循守旧，仍大批量生产豪华车，小型汽车市场无人占领。于是，日本汽车商设计出满足美国顾客要求的外形小巧、购买经济、舒适平稳、耗油量低、驾驶灵活、维修方便等美式日制小汽车，以其优势敲开了美国市场的大门。

3. 问题导向发现机会。这是创业机会识别最快速、最精准、最有效的方法，因为有问题（抱怨）就有需求，解决了问题就是满足顾客需求。问题分析可以首先问"什么才是最好的？"一个有效并有回报的解决方法对创业者来说是识别机会的基础。顾客建议多种多样，最简单的，他们会提出一些诸如"如果那样的话不是会很棒吗"这样的非正式建议。甚至有意无意地提出对现有产品或者服务的一些抱怨。一个讲究实效的创业者总是渴望从顾客那里征求想法。

4. 创新变革获得机会。通过创新变革获得创业机会的方式在高新技术、互联网行业中最常见。这种创业机会识别过程中，通常是针对目前明确的或未来潜在的市场需求，探索相应的新技术、新方法、新知识或新模式，或者是利用已有的某项技术发明、商业创意实现新的商业价值，而且一旦获得成功，创业者凭借其具有变革性、超额价值的新产品或者新服务很容易就能够在市场中处于压倒性的主导地位。索尼公司开发随身听（walkman）就是一个很好的例子。索尼公司觉察到人们希望随身携带一个听音乐的设备，并利用公司微缩技术的核心能力从事项目研究，最终开发出划时代的产品——随身听，取得了巨大的成功。

创业案例 7-2　用曲别针敲开求婚的大门

1840年，有个叫亨特的法国青年爱上了一个中产阶级家庭的姑娘玛格瑞特，他诚恳地上门求婚，请求玛格瑞特的父亲把女儿嫁给他。但是，玛格瑞特的父亲不想让自己的女儿嫁给这个穷小子，于是答复他说："如果你在10天内能赚到1 000美元，我就同意你们两人的婚事。"

亨特回到家后，陷入了深深的苦闷中，1 000美元对他来说简直是一个天文数字。为了不失去心爱的玛格瑞特，也为了争一口气，让玛格瑞特的父亲不再看不起自己，亨特废寝忘食地寻找赚钱目标，并绞尽脑汁地尝试。爱情和自尊的力量使他很快选准了目标：人们在欢庆的场合，都习惯用大头针在衣服的前襟上别一朵花。可是大头针很不安全，经常把人的手或身体扎破，有时它还会脱落。于是，亨特产生了灵感："如果将铁丝多折几道，再把口做成可以封住的，不就有了既方便又安全的戴花别针了吗？"他剪下2米左右的铁丝反复试验，终于设计出了现代使用的曲别针雏形。大功告成后，亨特飞奔到专利局，申请了专利。

很快，一位消息灵通的制造商向亨特询价："转让这个发明专利要多少钱？"一心只想把玛格瑞特娶到手，亨特毫不犹豫地回答："1 000美元。"两人一拍即合，制造商当场就和他达成交易。

亨特拿着1 000美元的支票跑到玛格瑞特家,玛格瑞特的父亲听完亨特讲述的赚钱经过后,先是笑了一下,随即骂道:"你这个笨蛋!"原来他是嫌亨特太老实、太性急,因为这样的发明能值10万美元以上。但亨特还是用曲别针敲开了紧闭着的求婚之门,最终被获准和自己心爱的人结婚了。

在结婚庆典上,朋友们请亨特说一说求婚的体会,他说出了赢得掌声并使岳父刮目相看的话:"这个世界对善于思考的人来说是喜剧,对不善于思考的人来说则是悲剧。只有善于思考的人,才是力大无穷的人。地球上最神奇、最瑰丽的花朵,就是思考。"

可见只要肯思考,善于思考,机会无处不在。

主题3　创业机会评价

一、创业机会有哪些筛选方法?

第一种是蒂蒙斯(Timmons)法。这是一种定性方法,由蒂蒙斯1999年提出的全面的创业机会筛选框架,是目前国际上公认、比较权威、完整和科学的。蒂蒙斯从一个机构投资者或者从一个旁观者的角度来分析,结合机会本身的特点和企业(或企业家)的特质综合考虑。这些指标提供了一些量化方式,判断是否是一个有足够吸引力的商业机会。该方法涉及产业和市场、经济条件、收获条件、竞争优势、管理团队、致命缺陷、创业家的个人标准、理想与现实的战略差异等8类指标,共50多个条目的详细评价因素。蒂蒙斯也承认,现实中有成千上万适合创业者的特定机会,未必都能与这个筛选框架相契合。

第二种方法叫温斯丁豪斯(Westinghouse)法。这实际上是计算和比较各个机会的优先级。

公式如下:技术成功概率×商业成功概率×(价格-成本)×投资生命周期/总成本=机会优先级

在该公式中,技术和商业成功的概率是以百分比表示(从0到100%)的,平均年销售数是以销售的产品数量计算的,成本是以单位产品成本计算的,投资生命周期是指引以预期的年均销售数保持不变的年限,总成本是指预期的所有投入,包括研究、设计、制造和营销费用。对不同的创业机会将具体数值带入计算,特定机会的优先级越高,该机会越有可能成功。

第三种方法叫泊泰申米特(Potentiometer)法。这种方法可以通过让创业者填写针对不同因素的不同情况,预先设定好权值的选项式问卷,快捷地得到特定创业机会的成功潜力指标。对每个因素来说,不同选项的得分可以从-2分到+2分,通过对所有因素得分的加和得到最后的总分,总分越高说明特定创业机会成功的潜力越高,只有那些最后得分高于15分的创业机会才值得创业者进行下一步策划,低于15分的都应被淘汰(表7.1)。

第四种方法叫贝蒂(Betty)选择因素法。该方法通过11个选择因素的设定对创业机会进行判断。如果某个创业机会只符合其中的6个或更少的因素,通常情况下这个创业机会是不可取的;相反,如果某个创业机会符合其中的7个或7个以上的因素,那么这个创业机

会是非常值得考虑的(表7.2)。

表7.1　泊泰申米特法评分表

因素	得分
对税前投资回报率的贡献 预期的年销售额 生命周期中预期的成长阶段 从创业到销售额高速增长的预期时间 投资回收期 有领先者地位的潜力 商业周期的影响 为产品制定高价的潜力 进入市场的容易程度 市场试验的时间范围 销售人员的要求	

表7.2　贝蒂的选择因素法

※这个创业机会在现阶段是否只有你一个人发现了?

※初始的产品生产成本是否可以承受?

※初始的市场开发成本是否可以承受?

※产品是否具有高利润回报的潜力?

※是否可以预期产品投放市场和达到盈亏平衡点的时间?

※潜在的市场是否巨大?

※你的产品是否是高速成长的产品家族中的第一个成员?

※你是否拥有一些现成的初始用户?

※是否可以预期产品的开发成本和开发周期?

※是否处于一个成长中的行业?

※金融界是否能够理解你的产品和顾客对它的需求?

二、创业机会评价的步骤有哪些?

第一步,确定评价目标。评价目标直接影响评价指标体系、评价方法等后续步骤的实现。在创业机会评价开始时,要对评价目标的特殊面进行充分分析,以更好地确定创业机会的影响因素,从而确定创业机会评价的基本框架。

第二步,分析创业机会影响因素。影响创业机会的因素有很多:既有内部创业团队因素,也有外部创业环境的因素;既有社会因素,也有经济因素;既有市场因素,也有社会网络因素等。从各种影响创业机会的因素中抽象出关键性因素,便构成了创业机会评价指标体系。

第三步,构建评价指标体系。创业机会评价指标体系是在对创业机会影响因素分析的基础上构建的。蒂蒙斯法的指标体系是最全面的创业机会评价指标体系,可以作为创业机会评价的属性库。在此基础上,可结合我国国情及创业机会实际情况,构建新的评价指标体系。

第四步,选择评价方法。创业机会评价涉及很多指标,有些指标可以量化,如潜在的市场规模、市场增长率等;而有些指标不易量化,如产品的结构等。单纯的定性法难以对创业机会的优劣进行排序;单纯的定量方法难以对决定创业机会的关键因素进行选择。因此,应在借鉴相关模型的基础上,选择定量与定性相结合的方法进行评价。

第五步,实施评价。创业机会评价的实施是评价的实际操作阶段,对定量指标和定性指标进行处理,引入需要的数据和相关专家的评定,并结合相关模型,最终得到评价结果。评价实施也是对创业机会进行选择和淘汰的过程,关键是相关数据的获取和模型的选择。

第六步,也是最后一步,评价反馈。创业机会评价是一个动态过程,其本质上是一个主观的、理论的分析过程。创业机会是否能真正成为一个成熟机会,是否可以在现实中开发,还需要进一步从实践中证明,依据创业活动实践,可以从风险规避和价值创造这两个方面对创业机会评价的结果做进一步修正。

三、如何测试创业机会?

再好的机会都应经过客户的检验和认可才能正式推向市场。在此之前,先对机会进行测试,机会测试包含以下三个阶段:概念测试、样品测试、销售测试。

在概念测试阶段,为了提高概念测试的准确率,需要增加样本量,这样采用市场调查的方式比较适合。可以设计一份问卷,然后在认为可能出现目标客户和潜在客户的区域进行调查,最终得到这些客户对某个产品概念的态度。

通过概念测试后,还应制作出产品样品,再对样品进行测试。毕竟概念和实物会有差距,概念是否能够很好地转化为产品,产品是否能够受到消费者的喜爱,这些都需要通过样品测试来检验。

样品测试完成,并不意味着就可以进入投产并全面上市的阶段。在此之前,许多企业还会进行一轮测试,就是人们通常说的"试销"阶段。试销的主要目的有两个:①进一步预测产品的销售前景和利润;②试运行企业所制订的营销策略,并基于反馈进行修改,确保正式执行的时候无偏差。

四、如何识别与规避机会陷阱?

在实际创业过程中存在着很多看起来是机会,但一旦运作起来却发现难以成功,我们把这样的机会叫作机会陷阱。作为创业者要懂得如何识别机会陷阱,表7.3就针对不同机会陷阱提出如何识别及克服的问题。

表7.3　机会陷阱识别与克服

机会陷阱	表现特征	克服方法
对创业机会识别存在误判	过早进入市场	市场还未成熟,需要靠着一家公司支撑起整个产业链,成本太高。可专注研发,产品稍后推出
	过晚进入市场	重新对市场评估,到底在目前的发展趋势下是否值得进入?如果坚持市场进入策略,要做好竞争对手反击的准备
不懂如何发现机会	每次都后悔为什么不能想到别人的创业点子	多和行业相关人士交流,了解行业动态变化,帮助掌握一手信息;练习观察趋势法和解决问题法,大胆提出自己的想法并征求身边朋友的意见
对创业机会选择存在误判	很多创业想法无从下手,非常苦恼	当创业者面临很多创业机会时,这就需要进行机会筛选和评估,需要重点考虑行业价值、市场竞争以及经济回报等因素,具体可参考蒂蒙斯提出的全面机会筛选框架

创业案例7-3　抓住直播的罗永浩

因为债务,把赚钱放第一位、个人理想放到第二位的罗永浩,从2020年4月1日开启他的卖货人生,大部分人都知道他做得多好:根据第三方调研机构联合发布的2021年1月"直播带货TOP50榜单",罗永浩交个朋友直播间1月份GMV(总成交金额)达到6.1亿元销售额,打破了直播间自首播以来的月度销售额最高纪录。凭借此成绩,罗永浩跻身全网带货三甲。

2021年罗永浩交个朋友直播间几乎保持着一周四播的频率,在3月8日这个消费日,更是不缺席。他在直播带货之初,算得上是名副其实的翻车王。可经过他一顿操作后,不少粉丝反而给了他正向评价:"老罗是个体面人,买东西更加放心了。"

从牛博网到英语培训学校,从锤子手机到聊天宝,再到电子烟,多次创业失败后重归网红路的老罗,为什么道歉容易得到原谅?他做对了什么?当3·15来临,当产品质量问题成了直播带货行业的红线,或许不少品牌、主播甚至平台也想知道答案。

不过,令主播们失望的是,罗永浩之所以翻车越狠、人设越稳,是因为他是罗永浩,过去的经历给了他其他主播没有的历练,经过包装和演绎,已经立稳了"打不倒、不逃避"的人设。

但是,世界上只有一个罗永浩,直播于他,显然是绝佳的再战江湖的好机会。从众和克制成为罗永浩微博的主旋律,一位曾经的锤友宋坤说"不难理解",现在的老罗是有一定粉丝基础的抖音带货一哥,他个人的公信力、背书和每次的口碑,决定了后续的粉丝复购,以及做GMV的方向。

(资料来源:钛媒体.公关大师罗永浩.)

主题4　创业风险规避

一、创业风险的主要来源有哪些?

据统计,发达国家中小高新技术企业创业的失败率高达 70% 。如美国的 NASDAQ 市场 2000 年一季度有 176 家公司上市,同时有 173 家退出,NASDAQ 市场成立至今已有数千家上市公司摘牌。也就是说,20% ~30% 的创业公司的巨大成功是以 70% ~80% 的企业失败为代价的。而服务行业的开店创业者 5 年内的创业失败率更是高达 95% ,可见创业失败率之高,风险之大。

创业风险在给定的宏观条件下往往直接来源于以下缺口:

一是融资缺口。创业者可以证明其构想的可行,但往往没有足够的资金将其实现商品化,从而给创业带来了一定的风险。

二是研究缺口。当一个特定的科学突破或技术突破可以成为商品时,很多停留在实验室、试验田里或者小规模生产阶段。但当预想的产品真正转化为商品(大量生产的产品)时,意味着该商品能从市场竞争中生存下来,需要面对大量困难且可能耗资巨大的研究工作(有时需要几年时间)。

三是信息和信任缺口。信息和信任缺口存在于技术人员和管理者/投资者之间。这两种人对创业有不同的预期、信息来源和表达方式。技术专家较了解哪些内容在科学上是有趣的,哪些内容在技术层面上是可行的。管理者/投资者通常较了解将新产品进入市场的程序,但当涉及具体技术时,他们依靠的还是技术人员。可以说管理者/投资者是在拿别人的钱冒险。如果技术人员和管理者/投资者不能充分信任对方,或不能进行有效的交流,那么这一缺口将变得更大,带来的风险也更大。

四是资源缺口。资源与创业者之间的关系就如同颜料和画笔与艺术家的关系。没有颜料和画笔,艺术家的构思则无从实现。创业也是如此,没有所需的资源,创业也就无从谈起。在大多数情况下,创业者不一定也不可能拥有所需的全部资源,这就形成了资源缺口。如果创业者没有能力弥补相应的资源缺口,要么创业无法起步,要么在创业中受制于人。

五是管理缺口。管理缺口是指创业者并不一定是出色的企业家,不一定具备出色的管理才能。进行创业活动主要有两种:一是创业者利用某一新技术进行创业,他可能是技术方面的专业人才,但却不一定具备专业的管理才能,从而形成管理缺口;二是创业者往往有某一"奇思妙想",可能是新的商业点子,但在战略规划上不具备出色的才能,或者不擅长管理具体的事务,从而形成管理缺口。

二、如何识别和规避创业风险?

首先,要学会分析风险。创业者对每一经营环节都要学会分析风险,做什么都要留有余地,对可能出现的风险要有明确的认识和克服的预案。

其次,要善于评估风险。通过分析,预测风险会带来的负面影响。例如,投资一旦失误,可能造成多大损失;投资款万一到期无法挽回,可能造成多大经济损失;贷款一旦无法收回,会产生多少影响;资金周转出现不良,对正常经营会造成哪些影响。

再次,要积极预防风险。例如,对投资方案进行评估,对市场进行周密调查,制定科学的资金使用政策等。一旦某个环节出了问题,要有采取补救措施的预案,尽可能减少负面影响。同时,还要加强管理,建立健全企业各种规章制度,特别是合同管理、财务管理、知识产权保护等;在平时的业务交往中要认真签订、审查各类合同,加强对合同履行过程中的监督。

最后,设法转嫁风险。风险不可避免,但可以转嫁。例如,财产投保,就是转嫁投资意外事故风险;购商品时转嫁筹资风险;以租赁代替购买设备是转嫁投资风险。创业也是如此,个人独资承担无限责任,但几个人共同投资,就是有限责任,就能分散风险。

三、创业风险评估有哪些基本方法?

创业风险评估方法分为定性和定量方法两大类。

第一大类为定性方法,主要包括管理人员判断法、销售人员估计法、顾客调查与市场测试以及小组讨论等。

(1)管理人员判断法。这种方法依赖于管理人员的经验、才能和直觉。管理人员与员工和顾客保持越密切的联系和交往,这种方法所造成的危险就越小。

(2)销售人员估计法。这种方法的信息来源能够带来很大的价值,因为销售人员一般来说是最接近顾客的。这种方法对那些产品生命周期短、技术更新快的行业尤为重要。

(3)顾客调查与市场测试。顾客调查即市场调查技术直接从顾客那里收集信息。市场测试即在一个小范围内,展示和促销一个产品。

(4)小组讨论。即由委员会或小组做出判断和决定。

(5)集合意见法。将每个人的估计值相加,然后得出一个平均值。

(6)专家的意见。这种方法建立在企业外部顾问的专业知识技能基础上,能为管理层带来高度专业化和有价值的帮助。管理层可以聘请这样的顾问在公司里进行日常业务咨询。

(7)质一量分析法(也称贝叶斯方法),是公式与概念的混合物,是定性、定量方法相结合。(许多决策是建立在未知因素之上,而且常常是建立在主观估计之上,很有必要运用一些科学化方法,使这一过程变得尽可能客观。)

定性方法的结论通常表达为:企业风险概率可以表示为"很小""中等""较大";企业风险导致的损失大小相应地划分为"重大损失""中等损失"和"轻度损失"。而在风险定位方面,可建立企业风险等级图,以此对风险进行定位,如图7.1所示。

第二大类为定量方法,指依据统计数据,运用数理方法(如平均数、数学模型等)对事物的数量特征、数量关系与数量变化进行分析,揭示和描述事物所处状态和发展趋势以及事物间的相互关系和作用,具有客观性。其适用条件为:对象能够进行量化时,占有大量数据资料,数据与主题相关,数据可以进行组织。

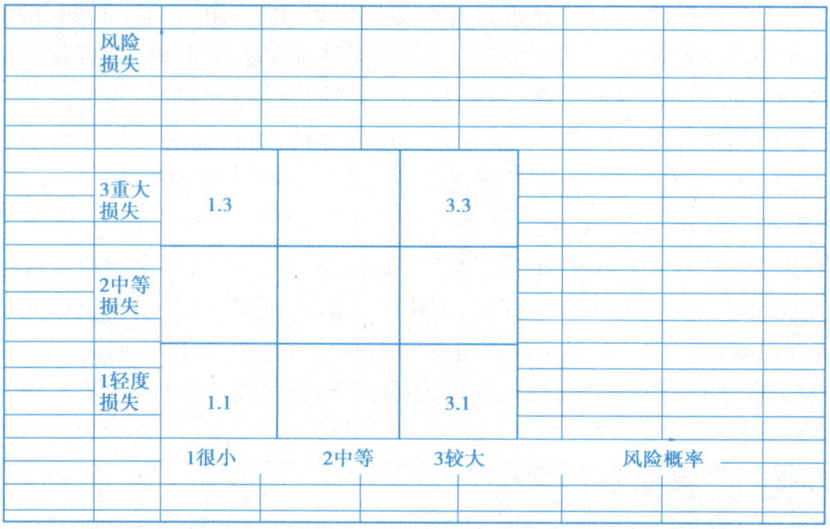

图 7.1　企业风险等级图

定量基本方法有如下几种。

(1)比率分析法,指对同一期财务报表上若干重要项目相关数据进行相互比较,求出比率,用以分析和评价企业的经营活动以及企业目前状况和历史状况,是财务分析的基本方法,是定量分析的主要方法。

(2)趋势分析法,指对同一单位相关财务指标连续几年的数据作纵向对比,观察其成长性。通过趋势分析,可以了解该企业在某些方面的发展变化趋势。

(3)结构分析法,指对企业财务指标中各分项目在总项目中的构成及比重进行分析,考量各分项目在总项目中的地位和作用。

(4)相互对比法,它通过相关指标的相互比较来揭示指标之间的差异,进而分析形成差异的原因。既可以是本期同上期的纵向比较,也可以是同行业不同企业之间的横向比较,还可以与标准值进行比较。

(5)数学模型法,指用符号、函数关系将评价目标和内容系统规定下来,并把相互间的变化关系通过数学公式表达出来。在现代经济预测和管理工作中,由于不能进行实验验证,通常都是通过建立数学模型来分析和预测经济决策所可能产生的结果。

四、创业初期需考虑哪些主要风险?

从创业者准备创业开始,风险就如影随形地伴随着创业企业。只有及时发现引发风险的各种隐患,识别创业风险,才能采取有效措施对风险进行防范管理。对创业而言,主要考虑两个阶段:一是创业孕育阶段,即创业之前的 0~3 年;二是初创阶段,即企业初创和成活阶段,一般是创业的 0~3 年。

可以从企业家、商机、资源三方面对可能存在的风险隐患进行逐一分析,以便创业者对企业的风险状况有比较客观的认识。

在创业孕育阶段:

（1）企业家。风险注意的焦点在于企业创建人是一个致力于建造和发展公司的真正的企业家,抑或只是个发明家、业余的技术爱好者等。在销售方面,风险关注的焦点在于创业团队是否具备企业经营所必需的销售和结算技能,并按时制订出企业计划? 在管理方面,风险关注的焦点在于创业团队是否具备必要的管理技能和相关的经验,以及是否在个别领域(如在财务或者技术领域等)上胜任。在所有权方面,风险关注的焦点在于创业团队的各成员是否在产权界定上达成关键性决定,并做出相应的承诺。

（2）商机。风险关注焦点在于企业经营是否真正以用户、顾客和市场(需求)为导向,还是受创造欲的驱动。在顾客方面,重点在于是否确认了每位顾客的姓名、地址、电话号码及购买力水平,或者业务是否仅停留在设想阶段。在供应方面,重点考虑供应材料、零部件的成本、毛利和交付周期,以及关键人员是否知晓。在战略方面,主要考虑进入计划是毫无目的的,还是有合适的定位和目标?

（3）资源。资本方面是否已确认所需的资本来源? 在现金方面,企业创办人是否已经耗尽了现金和自有资源? 在企业规划方面,创业团队是已将企业规划制定妥当,还是正在进行中?

在启动和成活阶段:

（1）企业家。在领导层方面,最高领导的地位是否已经得到认可,还是创始人仍在争夺决策权或是坚持在所有决定上的平等地位? 在目标方面,企业创始人是否共同拥有一致的目标和工作作风,或者一旦企业在起步阶段受到的压力增加时是否会发生冲突和分歧? 在管理方面,企业创始人是否已预备对决策和控制权进行由企业行为向管理活动和权力放开方面的转变? 该转变是按时期制定企业规划的必要条件。

（2）商机。在经济因素方面,考虑顾客的经济利益和回报是否按时兑现? 在战略方面,需考虑公司是否仅有单一产品,并且不希望有所发展? 还是相反? 在竞争方面,重点考察市场上是否有原先未知的竞争对手和替代品出现? 在经销方面,重点考虑按计划及时获得经销渠道是否存在意外和困难?

（3）资源。在现金方面,企业是否由于没有制定企业规划(以及财务计划)而过早地面临现金危机? 就是说,是否因为没有人考虑在何时会缺少现金,企业所有者的资金是否已耗尽之类的问题而使公司面临危机? 在制订企业发展时间表方面,重点考虑了企业规划的预算和时间估计数是否与实际有着显著的偏差? 企业是否有能力根据计划按时配置资源?

创业案例7-4　嘉兰图的成长故事

嘉兰图设计股份有限公司是国内外大名鼎鼎的工业设计企业,扎根在设计之都——深圳。2000年,深圳市嘉兰图设计有限公司呱呱坠地。这时襁褓中的嘉兰图,还只是十几个怀揣梦想的年轻人用热血和青春铸就的小小工业设计工作室。嘉兰图集团的创始人丁长胜,辞去大企业高级工程师一职,与三五个志同道合的好友一起,毅然决然投身于工业设计的创业之路。彼时的深圳,刚刚诞生了国际高新技术产权交易所,高科技成果产业化的国家愿景还在牙牙学语中蹒跚前进。寥寥可数的工业设计企业在亦步亦趋中探索着前进,幼弱的嘉兰图小心翼翼地吮吸着深圳恩泽的甘露,孑然独立在风吹雨打中。

2006年,6岁的嘉兰图作为中国创意产业领军企业,首家通过ISO质量管理体系认证。

嘉兰图为客户提供以品牌和产品竞争力为核心的综合解决方案,市场与用户研究、品牌与产品策划、产品设计、设计成果产业化服务。两年后,嘉兰图荣获首批国家级高新技术企业殊荣,并先后成立北京、成都、顺德、沈阳、重庆子公司,当初那根摇摇欲坠的小小枝丫已成长为顶天立地的参天大树,成为中国工业设计领域的翘楚。

2010年,距离千禧年整整十年,创业创新风起云涌,设计与创新已成为深圳的名片。此时的嘉兰图陷入成长思考中。在公司设计总监郭胜荣的办公桌上,摆着几款特大键盘、造型时尚的手机。郭胜荣指着它们一一向到访来宾介绍:"这是一代手机,目前已经销售到美国、欧洲等地,单款机型销量已经超过百万部;这是第二代手机,在日本已经有售,今年将陆续投入中国及其他市场。"嘉兰图"老人手机"很少有广告,但在国际上却名声大噪。2008年、2009年,嘉兰图设计的一代、二代手机连续两次获得德国IF工业设计大奖。在此之前,没有任何一家手机公司推出有年龄特点的细分产品。

为确保研发产品的最佳体验感,嘉兰图专门成立了老年人产品研究中心,研究组员一边查阅老年人生理、心理、行为习惯等全面文献资料,一边深入老年大学、养老院、公园等老年人聚集场所,通过行为观察和访谈的形式深入调研老年人生活习惯,同时悉心研究中国老龄事业的发展与社会环境,2010年嘉兰图异军突起,成立了第一家以适老化核心的深圳市嘉兰图老龄事业设计咨询有限公司。全面开展"老年生活空间的系统设计解决方案,以及适老设备、适老用品的设计研发与集成服务"事业。历经十五载春秋,嘉兰图集团发生了翻天覆地的变化。2015年11月6日,嘉兰图正式更名为深圳市嘉兰图设计股份有限公司,在全国中小企业股份转让系统公司(北京)挂牌上市,这标志着深圳市嘉兰图设计股份有限公司正式开启了资本市场直接融资的发展道路。

十五年来,嘉兰图一直践行"以设计成为卓越客户的创新合作伙伴,创造美好生活"品牌核心理念,无论是工业设计领域,还是老龄事业宏图,嘉兰图人一直在创新之路上独领风骚。

(案例来源:嘉兰图老龄事业部.适老化核心企业成长记:嘉兰图的成长故事.(2016-10-29)[2021-06-18].搜狐网,2016-10-29.)

思考与讨论:

1.嘉兰图成长过程中创业机会选择有何特点,其理由和依据是什么?

2.嘉兰图创业过程中是如何规避风险的?

思考与练习

1.你如何理解"抱怨就是商机"与"问题就是机会"这两句话的含义?结合下册案例,阐述什么是"机会窗口"。

2.组建学习小组,讨论确定(模拟)一个创业项目,对该项目进行描述:

(1)未来发展趋势。

(2)痛点是什么?解决的办法是什么?谁是最大受益者?

(3)你的解决方案是什么?有哪些创新点(或需要做哪些创新)?这些创新点如何产生?

(4)描述你的产品或服务。

（5）描述使用你的产品或服务的场景（建议用绘图的方式描述，包含时间、地点、任务、产品或服务载体要素等）。

3.通过调研，了解当今社会的政策、经济、社会、技术、法律等宏观环境变化，列出未来五年或十年的发展风口，并找出可能的创业机会。

4.成立某个创新创业项目，初选出某个项目的创新创业方向、领域、内容，阐述你的理由。

第8章　商业模式

在经营企业过程中,商业模式比高技术更重要,因为前者是企业能够立足的先决条件。

——时代华纳前首 CEO 迈克尔·邓恩

学习目的

通过本章的学习,学生应达到如下要求:
1. 理解商业模式的概念及其构成要素;
2. 了解商业模式设计的方法与流程;
3. 了解商业模式的评价方法;
4. 了解"互联网+"和大数据时代的商业模式创新。

导入案例

PC 电脑端的风云争霸

美国康柏公司成立于 1982 年,当年即生产了第一台与 IBM 兼容的个人电脑。1992—1999 年,随着全球个人电脑市场的发展,康柏销售额连年高速增长,年均增长率超过 30%。康柏在世界各地广布营销网点,仅北美就有 11 万家批发商、零售商和其他销售伙伴。通过分销使自己有 30% 以上的利润率。戴尔公司崛起于 1994 年,比康柏晚了 12 年,采取的是直销模式。当戴尔年销售额为 35 亿美元时,康柏已接近 150 亿美元。但数年后,奇迹般的"角色置换"。到了 2001 年,戴尔已将康柏远远抛到了后面。2000 年第三季度到 2001 年第三季度一年时间里,康柏的全球市场占有率下滑了近 3%,与此同时戴尔上升了同样的幅度。

为什么会发生这样的变化呢? 其中一个重要原因就是商业模式的不同。PC 的特点是更新速度越来越快,企业保有很高的库存很容易使存货迅速贬值。有人曾做过一个测算,PC 库存每周损失约 1% 的价值。换言之,如果一台 PC 放在库房里没有卖出,一年下来约贬值 50%。尽管当初康柏依靠强大的分销网络赚钱,但各级分销商都有大量的存货,随着竞争加剧,这种商业模式已不利于企业长期竞争优势的保持。戴尔的直销模式则绕过中间商直接面对客户,客户可以按照自身需要提出订货要求。戴尔接单后迅速组织生产(甚至是 OEM),随后尽快将成品发给客户。直销模式既消除了大量库存,避免了大量存货带来的价值损失,又满足了用户多样化的需求,吸引和巩固了客户,提高了客户的满意度与忠诚度。因此,即使 1998 年,全球电脑市场一度低迷,戴尔却因直销模式下的"零库存"更有竞争优势。2001 年,戴尔 PC 销售首次击败康柏,登上全球 PC 销售第一宝座。

主题 1 商业模式的内涵

一、什么是商业模式?

近年来,商业模式成为炙手可热的一个词,在很大程度上得益于互联网及电子通信技术突飞猛进的发展,这些技术的进步使企业的想象空间和运作理念在技术上成为可能。商业模式也被称为商务模式、业务模式。

国际著名管理咨询公司埃森哲的研究人员把商业模式定义为"创造价值的企业核心逻辑",简单来讲,就是回答企业如何赚钱的问题。因此,好的商业模式对任何组织都是不可或缺的。

好的商业模式往往始于对用户需求的洞察,商业模式是企业战略在企业运作中利益共同体价值的实现,是在企业内部及企业与合作伙伴之间进行了良好沟通并形成统一认识。

实际上,企业商业模式包含了经济、运营、战略三重含义。其中,经济含义是指如何赚钱的利润产生逻辑,即企业商业模式以营利为根本目的;运营含义则关注企业内部流程及其构造,包括产品或服务的交付方式、生产运作流程和知识管理等;战略含义主要是指企业的市场定位、边界及竞争优势的获取与保持。商业模式能让企业清晰地思考战略目标与计划,让股东能更清楚地判断企业价值在市场中的地位,如图 8.1 所示。

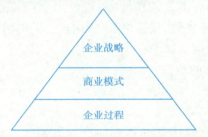

图 8.1 企业战略、商业模式、企业过程的关系

二、商业模式的构成要素有哪些?

商业模式描述了企业如何创造价值、传递价值和获取价值的基本原理,它可以通过企业组织结构、流程和系统来实现。商业模式的构建能让创业者描述与思考组织、竞争对手和其他企业的商业模式。

商业模式一般包括九大基本板块:客户细分(Customer Segments,CS)、价值主张(Value Propositions,VP)、渠道通路(Channels,CH)、客户关系(Customer Relationships,CR)、收入来源(Revenue Streams,RS)、核心资源(Key Resources,KR)、关键业务(Key Activities,KA)、重要合作(Key Partnerships,KP)、成本结构(Cost Structure,CS),如图 8.2 所示。商业模式覆盖了商业的 4 个主要方面:客户、产品或服务、基础设施和财务生存能力。

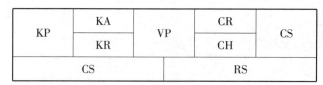

图 8.2　商业模式构成因素

1. 客户细分

客户是任何商业模式的核心。为了更好地满足客户需求,企业通常将具有共同需求、共同行为或共同属性的客户找出来,而市场细分就是找出来的工具。通过市场细分可以找到目标客户群体——具有大致相同的需求和问题的细分市场。

进行客户细分时,需要思考以下问题:

(1)是否需要提供明显不同的产品或服务来满足客户群体的需求?

(2)是否可以通过不同的分销渠道来接触不同的客户群体?

(3)是否需要不同类型的关系接触客户群体?

(4)客户群体的盈利能力是否存在本质的区别?

(5)客户群体是否愿意为产品的不同方面付费?

2. 价值主张

创业就是通过价值主张解决客户难题和满足客户需求。

价值主张是客户选择该公司产品的原因,每个价值主张都包含可选产品或服务,以迎合特定客户细分群体的需求。

价值主张主要分为两类:一类是创新性的,表现为全新或破坏性的产品与服务;另一类可能与现有市场的产品或服务类似,只是增加了部分功能和特性。

在确定价值主张时,企业应该思考:

(1)该向客户传递什么样的价值?

(2)正在帮助客户解决哪一类难题?

(3)正在满足哪些客户的需求?

(4)正在提供给客户细分群体哪些系列的产品与服务?通常价值主张可以是定量的(如价格、服务速度),也可以是定性的(如设计、客户体验)。

表 8.1 是描述创业者从要素视角来思考如何为客户创造价值。

表 8.1　常见的价值主张要素视角

要素视角	价值主张
新颖(Newness)	满足客户从未感受和体验过的全新需求,市场上从未有过类似的产品或服务,通常但不完全与新技术有关
性能(Performance)	改善产品和服务性能
定制化(Customization)	满足个别客户或客户细分群体的特定需求,近年来,大规模定制和客户参与制作的概念尤为重要
把事情做好(Getting the Job Done)	通过帮客户把某些事情做好而创造价值,如 Rolls-Royce 为其客户(航空公司)提供引擎发动机及服务,使客户聚焦于航线运营

续表

要素视角	价值主张
设计（Design）	设计是重要但又很难衡量的因素,在时尚和消费电子产品工业领域,尤其重要
品牌/身份地位（Brand/Status）	客户可以通过使用和显示某一特定品牌而发现价值,如佩戴一块劳力士手表象征着财富
价格（Price）	以更低的价格提供同质化的价值是满足价格敏感客户细分群体的通常做法
成本削减（Cost Reduction）	帮助客户削减成本,如 salesforce.com 公司销售在线的客户关系管理系统（CRM）,减少了购买者的开销并免除了用户自行购买、安装和管理 CRM 软件的麻烦
风险抑制（Risk Reduction）	当客户购买产品或服务时,帮助客户抑制风险也可创造客户价值,如二手车市场为期一年的服务担保,规避了购买后产生故障修理的风险
可达性（Accessibility）	把产品或服务提供给以前接触不到的客户,既可能是商业模式创新,也可能是新技术推广的结果,如 Netjet 以"共享私人飞机"的概念提供私人或企业拥有私人飞机的权限
便利性/可用性（Convenience/Usability）	使事情更方便或更易于使用可以创造客观的价值,如苹果公司的 iPod 和 iTunes 为用户提供了在搜索、购买、下载和收听数字音乐方面前所未有的便捷体验

3. 渠道通路

创业需要通过沟通、分销和销售渠道向客户传递价值主张。渠道通路是公司与客户接触的界面,在客户体验中扮演着重要的角色,渠道往往经历认知、评估、购买、传递和售后5个不同的阶段,在不同阶段,其功能如下:

(1)在客户认知阶段,如何提升公司产品或服务在客户中的认知;

(2)在客户评估阶段,如何帮助客户评估公司的价值主张;

(3)在客户购买阶段,如何协助客户购买特定的产品与服务;

(4)在价值传递阶段,如何向客户传递价值主张;

(5)在售后阶段,如何向客户提供售后支持。

创业者在分析渠道通路时,首先应了解企业的渠道类型,通常分为自有渠道与合作伙伴渠道或两者混合渠道。自有渠道可以是直销的,如在线销售队伍、厂家直销;也可以是间接的队伍,包括组织拥有或运营的零售商店渠道、分销商或批发商及其他合作伙伴渠道。

了解渠道通路类型后,还需要思考以下问题:

(1)通过哪些渠道可以解除客户细分群体?

(2)如何解除客户细分群体? 渠道如何整合?

(3)哪些渠道最有效? 哪些渠道成本效益最好?

(4)如何把渠道与客户的例行程序进行整合?

通常来讲,合作伙伴渠道可能导致更低的单一产品利润,但对销售能力较强的企业,能充分利用其优势扩展企业解除客户的范围和收益,获得范围经济带来更高利润。自有渠道和部分直销渠道有更高的利润,但是运营成本较高。渠道管理的诀窍是在不同类型渠道之间找到适当的平衡,通过整合资源创造令人满意的客户体验,实现利润最大化。

4.客户关系

描述公司与特定客户细分群体建立的关系类型。一般来讲,企业希望维护客户关系的动机包括客户获取、客户维系及提高客户的消费水平。

在分析客户关系时,企业应重点思考以下问题:

(1)希望与每个客户细分群体建立和保持何种关系?

(2)哪些关系已经建立了?

(3)这些关系的成本如何?

(4)如何把它们与商业模式的企业部分进行整合?

企业通常选择直接提供服务、间接提供服务、邀请客户共同参与等方式维持与客户的关系。直接提供服务包括个人助理与专用个人助理等;间接提供服务通常包括自助服务或自动化服务等;而邀请客户共同参与包括社区、共同创作等方式。

5.收入来源

收入来源产生于成功提供给客户的价值主张。

一个商业模式通常可以包含两种不同类型的收入来源:一是通过客户一次性支付获得的交易收入;二是经常性收入来自客户为获得价值主张与收获服务而持续支付的费用。每个收入来源的定价机制可能不同,如固定标价、谈判定价、拍卖定价、市场定价、数量定价或收益管理定价等。

创业者在分析收入来源时,应思考以下问题:

(1)什么样的价值能让客户愿意付费?

(2)他们现在付费买什么?

(3)他们是如何支付费用的?

(4)他们更愿意如何支付费用?

(5)每个收入来源占总收入的比例是多少?

创业聚焦8-1　创业者获得收入的主要方式

1.资产销售。售卖实体产品的所有权,是创业者获得收入最常见的方式。

2.使用收费或租赁收费。客户使用越多,付费越多。如快递公司按照运送地点的距离收费。租赁收费是针对某个特定资产在固定时间内的暂时性排他使用权的收费。出借方可以通过租赁带来经常性收入;而租用方可以仅支付限时租期内的费用,无须承担购买所有权的全部费用。

3.订阅收费。这种收入来自销售重复使用的服务。一家健身房可以按月或按年以会员制订阅的方式销售健身设备的使用权。在线魔兽世界多人在线角色扮演游戏,允许用户使用按月订阅的付费方式。诺基亚的音乐服务也可以让用户通过按月订阅付费的方式收听音乐。

4.许可授权收费。这种收入往往来自将受保护的知识产权授权给客户使用,获得授权费用。授权方式可以让版权持有者不必将产品制造出来或将服务商业化,仅靠知识产权即可产生收入。授权方式在媒体行业与高技术行业非常普遍,内容所有者保留版权,但是可以将使用权销售给第三方。在技术行业则以专利授权的方式获得许可费用。

5. 经纪收费。这种收入来自为了双方或多方之间的利益所提供的中介服务而收取的佣金。如信用卡提供商作为信用卡商户和顾客的中间人,从每笔销售交易中抽取一定的比例作为佣金。同样,股票经纪人和房地产经纪人通过成功匹配卖家和买家赚取佣金。

6. 广告收费。这种收入来源于为特定的产品、服务或品牌提供广告宣传服务。传统上,媒体行业和会展行业均以此作为主要的收入来源。近几年,其他行业包括软件和服务,也开始逐渐向广告收费倾斜。

7. 核心资源。核心资源是提供和交付先前描述要素所必备的重要资产。每个商业模式都需要核心资源,这些资源使组织能够创造和提供价值主张、接触市场、与客户细分群体建立关系并赚取收入。不同的商业模式所需要的核心资源也有所差异,如芯片制造商需要资本集约型生产设施,而芯片设计商则需要更关注人力资源。

在分析核心资源时,创业者需要思考以下问题:

(1)我们的价值主张需要什么样的核心资源?

(2)我们的渠道通路需要什么样的核心资源?

(3)我们的客户关系呢? 收入来源呢?

核心资源可以是实体资产、金融资产、知识产权或人力资源等。既可以是自有的,也可以是公司租借或从重要伙伴处获得的。

8. 关键业务。关键业务是创造和提供价值主张、接触市场、维系客户关系并获取收入的基础。而关键业务也会因商业模式的不同而有所区别。比如对微软等软件制造商而言,其关键业务包括软件开发;对戴尔等电脑制造商来说,其关键业务包括供应链管理。

在分析关键业务时,创业者应该思考以下问题:

(1)我们的价值主张需要哪些关键业务?

(2)我们的渠道通路需要哪些关键业务?

(3)我们的客户关系呢? 收入来源呢?

9. 重要合作。重要合作指的是能让商业模式有效运作供应商与合作伙伴构成的网络。创业企业其资源有限,需要整合内外资源,因此,合作关系成为许多创业企业商业模式的基石。

在分析重要合作模块时,创业者需要思考以下问题:

(1)谁是重要伙伴和重要供应商?

(2)我们正在从伙伴那里获取哪些核心资源?

(3)合作伙伴都执行哪些关键业务?

10. 成本结构。成本结构主要描述商业模式各要素引发的成本构成。创建价值和提供价值、维系客户关系及产生收入都会引发成本。这些成本在确定关键资源、关键业务与重要合作后可以相对容易地计算出来。

在分析成本结构时,创业者应思考以下问题:

(1)什么是商业模式中最重要的固有成本?

（2）哪些核心资源花费最多？

（3）哪些关键业务花费最多？

在成本结构分析时，有必要明确公司的商业模式是成本驱动型还是价值驱动型。

成本驱动型商业模式侧重于在每个环节都尽可能降低成本，维持最经济的成本结构，采取低价的价值主张、最大程度自动化和广泛外包。如西南航空、易捷航空和瑞安航空公司等廉价航空公司是以成本驱动商业模式为特征的。

价值驱动型商业模式专注于价值创造，提供增值型的价值主张和高度个性化服务。如豪华酒店的设施及其独到的服务。

三、新创企业的商业模式设计思考的基本方向有哪些？

新创企业的商业模式设计主要从 4 个方面着手：

第一，满足市场。满足市场是指满足还未被响应的市场需求，要求创业者多倾听客户的声音，观察客户的行为，寻找客户的痛点、难点。如塔塔汽车（Tata Car）、奈特捷公司（Netjets）。

第二，投放市场。投放市场是指把新技术、产品或服务投向市场（可利用现有知识产权）。如斯沃琪（Swatch）、奈斯派索（Nespresso）、红帽（Red Hat）。

第三，改善或颠覆现有市场。例如戴尔（Dell）、EFG 私人银行（EFG Bank）、任天堂 Wii（Nintendo Wii）、宜家（IKEA）、亚马逊（Amazon）。

第四，创造一种全新式服务。如大来卡（Diners Club）、谷歌（Google）。

创业案例 8-1　微软公司是如何打败苹果的

长期以来，微软公司与苹果公司各自开发的操作系统互补兼容，自成一体。早在 20 世纪 80 年代末，苹果公司最早把图形用户界面操作系统应用到个人电脑，并在这种新颖、直观的操作系统技术上领先于其他对手。苹果公司的图形化操作系统依靠其时尚的外形、出众的操作体验，引领了当时相关领域技术发展的潮流。

然而，一段时间内，苹果公司作为一个技术领先者，拥有竞争对手所不具备的"好技术"，但却没有赢得市场，苹果公司在个人电脑操作系统市场中败给了多年后才步苹果公司后尘退出图形化操作系统的微软公司。当微软公司在 1995 年推出成熟的图形化的视窗系统"Windows95"后，在短短两年，全世界近 90% 的个人计算机都装上了微软公司的视窗系统，而苹果电脑的技术优势却逐渐消失殆尽。

除技术外，微软公司的成功在很大程度上得益于其非凡的商业模式创新。当时微软公司开创了极具创新性的商业模式——"OEM"销售模式，即微软公司不是面向最终个人用户，而是事先向微机厂商销售预装视窗操作系统许可。微机厂商卖出多少台微机，就为微软公司卖出了多少份操作系统。微软公司只要把握最主要的几十家微机厂商，就几乎控制了整个微机操作系统市场。之后，微软公司的拳头产品 Windows98/NT/2000/XP 等一次又一次成功地占领了从 PC 到商用工作站甚至服务器的广阔市场，为微软公司带来了丰厚的利润，创造了神话般的"微软帝国"。在 IT 软件行业流传着一句话："永远不要去做微软公司想

做的事情。"

无疑,现在微软公司已在个人电脑软件王国建立起了遥遥领先的技术优势,但除其技术外,还不得不思考其成功的商业模式。沃伦·巴菲特曾这样评价比尔·盖茨:"如果他卖的不是软件而是汉堡,他也会成为世界汉堡大王。"可见,商业模式创新对像微软这样的技术型公司来说,其重要性不亚于技术上的创新。

思考与讨论:

1. 相比苹果,微软公司的产品优势主要体现在哪些方面?

2. 微软公司与苹果公司在商业模式的设计上有何区别?

(资料来源:雷家骕,红军.技术创新管理[M].北京:机械工业出版社,2012.)

主题2 商业模式设计

一、商业模式的设计方法有哪些?

根据亚历山大·奥斯特瓦德的观点,本书认为商业模式存在6种构建方法:客户洞察、创意构思、可视思考、原型制作、故事讲述和情景推测。

1. 客户洞察

该模式基于客户视角,从设计价值主张、渠道通路、客户关系和收入来源等方面设计商业模式。

这种方式最重要的就是深入了解客户需求,从客户的角度寻找全新机会。当然,这并不意味着要完全按照客户的思维设计商业模式,但需要在评估商业模式时融入客户思维。苹果 iPod 媒体播放器提供了一个很好的案例。苹果通过研究客户后得出:人们喜欢的并不是数码媒体播放器本身,而是能够搜索、下载和收听的数字内容,包括音乐,并且愿意为之付费。当时非法下载非常猖獗,大部分公司都认为没有人会为在线音乐付费。苹果并不认同,它极力为客户建立了一种无缝音乐(消费)体验,将 iTunes 音乐与媒体软件、iTunes 在线商店和 iPod 媒体播放器整合到一起。正因为以这种价值主张为核心的商业模式,使苹果公司成为在线数字音乐市场的领导者。

但这种模式面临两个重要挑战:

一是必须深入彻底地理解客户需求,并将这种理解融入商业模式设计中。

二是如何筛选客户需求,即要听取哪些客户的意见,忽略客户的哪些意见。

许多商业模式创新的成功,正是因为他们满足了新客户的需求。例如,易捷航空使中低收入客户可以享受空中旅行;Zipcar 公司对缴纳年费的客户提供按小时租赁汽车的服务,这满足了更广泛和更灵活的客户用车需求。

2. 创意构思

设计一个新的商业模式需要产生大量的创意,并筛选出最好的想法,这个收集和筛选的过程即为创意构思。商业模式创新日新月异,过去商业模式的经验对未来的参考价值非常有限。商业模式也难以复制,难以通过模仿竞争对手或寻找标杆来模仿,需要设计全新的机制,创造价值并获取收入。更确切地说,商业模式创新是挑战正统,设计全新的模式来满足未被满足的、新的或潜在的客户需求。

掌握创意构思的技能对设计可行的商业模式至关重要。创意构思分成两个阶段:一是创意生成阶段,注重创意的数量;二是创意合成阶段,重视创意的质量,应讨论所有的创意,加以组合,并缩减到少量可行的可选方案。这些可选方案不一定要代表颠覆性的商业模式,也许只是扩展现有商业模式以增强竞争力。

3. 可视思考

可视思考是指使用诸如图片、草图、图表和便利贴等视觉化工具来构建和讨论,将商业模式各模块中的隐形假设转变为明确的信息,将抽象的内容变得具体,可以改善讨论的质量。对商业模式构建而言,可视思考是必不可少的。

4. 原型制作

原型制作是商业模式构建强有力的工具,原型制作并不是某个真正的商业模式草图,而是多个不同方向的探讨。简单地说,原型制作是对多个商业模式的分析,基于商业模式构成要素画出多个基础原型,突出不同类型的特点,利于创业者从不同视角进行思考与对比,提出一种具体的商业模式原型。原型制作有利于创业者产生整合与创新思维。原型制作与传统的制作方式相比有如表8.2所示的特征。

表8.2　原型制作特征表

过去的见解	基于原型制作的思考
少数几个商业模式主导者行业	多个商业模式共存和交叉于行业
由外至内:行业决定商业模式	由内向外:商业模式转变行业
线性思考	随机思考
过早选择商业模式	探索式选择商业模式
关注实现	关注设计
关注效率	同时关注价值和效率

5. 故事讲述

将新的商业模式呈现出来,而又不招致抵触情绪,呈现的方法就变得至关重要。好故事能引起听众的兴趣,所以讲故事是一种理想工具,为深入讨论商业模式和其内在逻辑预热。讲故事其实是利用了商业模式画布的说明能力,打消人们对未知事物的疑虑。

为什么要讲故事? 主要理由有3个:

一是介绍新事物。新的商业模式创意在公司的任何一个地方都可能涌现,有些想法可能很好,有些可能一般,还有些根本不可行。即使是极优秀的商业模式,要想得到各级管理层的认可,最终被采纳为公司发展战略也颇费周折,有效地向管理层推销新的商业模式创意至关重要。

二是推销给投资者。如果创业者经常需要把自己的想法或商业模式推销给投资者或潜在股东,投资者和其他利益相关者真正想知道的是:你会如何为客户创造价值? 在创造价值的过程中,你是如何赢利的? 这些问题就是你的故事背景。

三是鼓励员工参与。一个公司从现有商业模式过渡到一个新商业模式过程中,必须说服员工参与其中,让员工对商业模式有清晰的认识,并理解其意义。用一个吸引人的故事作为背景介绍(辅以幻灯片、图画及其他一些技巧),能够更好地调动员工的积极性。

6. 情景推测

在新商业模式设计和原有模型创新上,情景推测能起到较好的作用。同可视思考、原型制作、故事讲述一样,情景推测能把抽象的概念变成具体的模型。它的主要作用就是通过细化设计环境,帮助人们熟悉商业模型的设计流程。

二、如何应用商业模式设计方法?

1. 客户洞察

如何设计基于客户洞察视角的商业模式呢?

首先,创业者需要转换思维视角,即从客户角度思考如何设计商业模式,主要思考以下问题:

(1)客户需要什么? 我们如何满足他们的需要?

(2)客户的愿望是什么? 我们如何帮助他们实现愿望?

(3)客户希望是什么样子? 针对企业客户,如何最好地适应他们的日常工作?

(4)客户希望我们与他们建立什么样的客户关系?

(5)客户真正会为什么样的价值付款?

其次,使用工具(如移情图)深入了解客户需求。工具可以帮助创业者更好地理解客户的环境、行为、关注点和愿望,有利于设计更好的价值主张、更便捷的客户接触途径及更合适的客户关系,并更好地理解客户为什么愿意付钱,从而开发出更强大的商业模式。

2. 创意构思

应从何处入手寻找创意呢? 本书提供以下两种方法:

方法一,根据商业模式的不同要素作为创意构思的起点。商业模式创新的创意可以来自任何地方,商业模式的 9 个构成要素均可以是创意构思的起点。可以把它们分为 4 类商业模式构思起点:资源驱动、产品/服务驱动、客户驱动和财务驱动。

方法二,采用"假如"提问。创业者往往会被现状限制自己的思维,在构思新的商业模式时遇到困难,因为现状遏制了想象力。利用"加入"问题挑战传统假设,激发创业者挑战自己原有思维,提出好奇又难以执行的命题。如报刊的经营者问自己:如果停止发行印刷版,改为电子图书阅读器或者完全通过网络数字发行会怎么样?

以"假如"提问只是开始,这些问题将帮助我们发现能够使假设成立的商业模式。当然,并不是所有的"假如"都能得到答案。下面是两例说明。

假如语音通话在全球范围内免费。2003 年 Skype 推出的这项让用户通过网络销售免费的全球通话。5 年后,Skype 拥有了 4 亿注册用户,每年通话超过 1 000 亿次。

假如汽车制造商不再销售汽车,而是提供服务。2008 年,戴姆勒在德国乌尔姆退出了 Car2go 服务——一项试验性的汽车服务,Car2go 车队的用户可以在城市的任何一个租车点租用和归还汽车,并按照使用的时间分钟数支付租用服务费用。

3.可视思考

下面讨论在商业模式构建过程中激发创意的可视化形式问题。

可视化常用的工具主要有通过便利贴实现可视化;通过绘图实现视觉效果。

第一,通过便利贴实现可视化。便利贴的功能就像创意的容器,可以增加、减少或在商业模式构成因素间进行调整移动,这有利于团队成员进行探索性的讨论,不断更新创意。便利贴的3个指导原则:使用粗马克笔,每张便利贴只写一个元素,每张便利贴只写要点。

第二,通过绘图实现商业模式构建的视觉效果,利用绘图的方式可以激发建设性讨论。用简单的图解释和交流商业模式各构成要素,让事情更具体和可理解。勾绘一个典型的客户和其所处的环境,阐明一个客户细分群体。勾绘出客户细分群体的需求及可以做的工作。

值得注意的是,依据环境和个人喜好,创业者可能更习惯用PowerPoint,但是幻灯片软件的效果可能比不上便利贴。

4.原型制作

在为一种具体的商业模式提供原型前,认真考虑大量的基础商业模式的可行性是非常必要的。这种刨根问底的精神体现了设计的态度。通过强烈的意愿寻觅原始理念,并快速抛弃它们,花大量时间检验各种理念的可行性,然后从中选取少量理念精雕细琢,不断接受不确定性,直至某一方面的设计理念日趋成熟。

5.故事讲述

讲故事的目的是要把一种新的商业模式以具体形象的方式呈现出来。故事的内容一定要简单易懂,主人公也只需要一位。下面是两种可能的视角及两种可能的方法。

视角一,站在员工的角度,以讲故事的方式解释商业模式,让员工成为故事的主人公,证明为什么这种新模式是可行的。这样做是因为员工关注客户的烦恼,而新的模式就可以解决这些烦恼。抑或是新的模式相较于先前的模式,能更好地利用资源、业务或是合作方式(如控制成本、提高生产效率、创造新的收入来源等)。在这样的故事中,员工体现的是公司及其商业模式的内部运作机制,为推行新的模式提供了依据。

视角二,站在客户的视角,让客户成为讲故事的主人公,指出困扰客户的烦恼和必须解决的问题。接下来的话题可以转到公司如何帮他创造价值——得到了什么样的产品与服务,这些产品与服务是如何解决问题的,以及作为一个消费者,他愿意掏钱的产品与服务是什么样的。甚至还可以将生活中的一些小插曲、小情愫穿插其中,证明公司是如何让他的生活变得更轻松和方便的。从客户的视角讲故事面临的最大挑战就是如何让故事具有真实感,而不是给人留下一种夸张的、做广告的印象。

讲故事的优势在于将事实与虚构间的界线模糊化。这样,未来各种可能的商业模式就不再抽象。这可以帮助挑战现行的商业模式,或是为推行新的商业模式提供理论依据。以下是两种讲故事的方法。

方法一,激发创意——未来的商业模式是什么样的。讲故事的目的是挑战现行的商业模式,那这个故事必须能生动展示未来的竞争格局:公司打破现行商业模式时未来将是什么样子,让听众在不知不觉中已经置身未来的场景中。听众的疑虑被打消了,随之而来的是一种紧迫感,让听众意识到推行新商业模式的紧迫性。这种类型的故事可以从一个公司或客户的角度展开。

　　方法二,证明变革——计划好未来的商业模式。有时候,一个公司强烈地意识到未来市场竞争格局将会如何演变。在这种情形下,讲故事的目的在于为听众展示新商业模式会如何帮公司在新的市场格局中取得胜利。这样的故事可以打消听众的疑虑,让他们意识到现行的模式需要做出怎样的改变才能在未来的竞争中保持其有效性。这种类型的故事主人公可以是一位客户、一位员工或是一位高级经理。

　　6.情景推测

　　在此,我们讨论两种类型的情景推测。

　　第一种是不同的客户背景推测描述:客户如何使用产品和服务,什么类型的客户在使用它们,客户的顾虑、愿望和目的分别是什么。这样能达到更深入地洞察客户需求,把对客户的了解融入一组独特、具体的图像。通过描述特定的场景,关于客户的情景推测就能把客户的洞察具体形象地表现出来。

　　第二种是新商业模式可能会参与竞争的未来场景推测描述。这并非要预测未来,而是要具体形象地测绘出未来的各种可能情况。这种技巧训练能帮助创业者针对未来不同的环境设计出最恰当的商业模式。在商业模型的创新中,运用这种情景规划技巧会迫使我们去思考商业模式在特定环境下可能的演变趋势,这样也可以加深对模式的认知。

　　客户情景推测可以在商业模式设计中帮助解决以下问题:

　　(1)哪种渠道通路最恰当?

　　(2)与客户建立何种关系效果最好?

　　(3)客户最愿意为哪种解决方案买单?

　　一旦针对不同客户细分群体设计出不同的情境模式,便可以问自己:

　　(1)某种单一的模式能够应付所有客户细分群体吗?

　　(2)是否需要对不同客户群做一些调整呢?

三、商业模式设计有哪些基本流程?

　　本书建议商业模式设计流程可以分为 5 个阶段:动员、理解、设计、实施和管理,如表 8.3 所示。然而这 5 个阶段间的进程很少按照线性的方式按部就班完成,尤其是理解和设计阶段往往同步进行。

表 8.3　商业模式设计流程的 5 个阶段表

阶段	动员	理解	设计	实施	管理
焦点	为一个成功的商业模式设计项目做好准备,搭建框架	全情投入,研究和分析商业模式设计所需要的元素	调研探索,构建和测试并挑选出最佳的可行商业模式	执行,在实际环境中实施商业模式原型	演化发展,结合市场反馈来调整和修改商业模式

续表

阶段		动员	理解	设计	实施	管理
描述		为成功的商业模式设计聚集所需元素,营造急需商业模式创新环境,说明项目创新动机,建立一套描述、设计和分析商业模式的公共语言	关注客户、技术和环境;手机信息,访谈专家,研究潜在客户,发现需求和问题	把前阶段获得的信息和想法转化为商业模式原型,并不断地探索和测试后,选出最符合要求的商业模式	实施挑选出来的商业模式设计	建立起管理架构来持续不断地监督、评估、调整和改变商业模式
主要方法		商业模式画布 故事讲述	商业模式画布 商业模式类型 客户洞察 可视思考 情景推测 商业模式环境 评估商业模式	商业模式画布 商业模式式样 创意构思 可视思考 原型制作 情景推测 评估商业模式	商业模式画布 可视思考 故事讲述 管理商业模式	商业模式画布 可视思考 情景推测 商业模式环境 评估商业模式

创业案例8-2　基于卫星定位系统(GPS)的地区地图服务

下面有3种情景推测,都是关于基于卫星定位系统(GPS)的地区地图服务。这些情景推测涉及了商业模型的设计,但在一些环节上,如价值主张、渠道通路、客户关系、来源等,都保留了广阔的讨论空间。这些关于商业模式创新和设计的情景推测,都是从一个移动服务运营商的视角展开的。

客户背景1

上门配送服务。汤姆一直梦想着拥有自己的公司,但他深知这绝非易事,如果能为梦想和激情而活,即使挣得少些,工作累些,他也觉得值。汤姆热衷于电影,简直就是一本电影知识的百科全书,这也是他爱的DVD上门配送服务的客户们最欣赏他的地方。在上门配送之前,客户们可以向汤姆询问演员、拍摄技巧或是任何关于电影的问题。

但实际做起来,汤姆发现生意非常难做。使用它的移动通信服务商提供的GPS配送服务,可以提高工作效率,改善服务质量,只需支付一点服务费,他的手机就能很容易装上这种能够整合客户关系管理的软件。通过帮助汤姆设计更好的配送路线,该软件为汤姆节省了很多时间,这款软件甚至还能把汤姆和两个周末业务繁忙时才过来帮忙的助手的手机整合到一起。汤姆明白他的小生意不可能让他发财,但也不至于差到迫使他重回公司讨生活。

客户背景2

游客戴尔和罗丝利用一个长周末去巴黎旅游了一趟,他们对这次故地重游异常兴奋,因为距他们上一次巴黎蜜月之旅已有25年。他们是在两个星期前才临时决定计划这么一次

小旅行,暂时地处理一下日常的工作和家庭生活,走之前还把他们的 3 个孩子留在了波特兰的父母家中。因为行程仓促,没时间和精力准备具体的行程计划,所以他们决定冒险一次。

出人意料的是,在航班杂志上他们看到了一篇文章,介绍的是一种新型的基于 GPS 的手机电子导游服务,夫妻俩立即被深深地吸引住了。戴尔和罗丝这两个新技术的狂热粉丝待飞机在戴高乐机场一落地,就决定试试这种新服务。在为他们量身定制的路线引导下,他们幸福地游览着巴黎的各个景点,在整个行程中,他们没有求助过一位当地导游。他们特别喜欢这个内置的语音电子导游,当他们接近一个景点时,这个小装置就会显示一些背景故事和知识资料。在回程的航班上,戴尔和罗丝萌生了退休之后到巴黎安度晚年的想法。他俩彼此会心一笑,思考着他们在巴黎使用的 GPS 能否帮他们适应在法国的生活。

客户背景 3

酒农亚历山大祖辈都是做葡萄酒生意的,他的父亲从他的祖父那里继承了葡萄园。他的祖父是从瑞士移民来到美国的。随后亚历山大也继承了祖辈传下来的生意,他试图对他家族的葡萄种植生意做一些小创新。

亚历山大发现一种安装在手机上的操作简便的土壤管理软件。虽然软件并非专门针对酒农设计,但软件的设计却十分符合亚历山大的需求。这个应用程序将他的工作计划有序地联系起来,换句话说,就是他可以通过一个基于 GPS 的工作清单,知道应该在什么时候、什么地方检查土质或葡萄的质量。现在,他在考虑如何把这个软件推荐给他的一些管理人员。但美中不足的是,只有管理团队的成员都更新土壤和葡萄质量的数据库,这个应用程序才能发挥作用。

思考与讨论:

1.关于上门配送服务:这种增值服务能让客户觉得值得每月支付费用吗? 通过哪种渠道,这些客户群体可以被最容易地接触到? 这种服务还需要哪些其他设备或软件才能实现整合?

2.关于游客:这种服务应该安装在一个专属的设备上,还是作为一个应用程序,让客户自行下载到他们的手机上? 航空公司可以作为一个渠道合作伙伴推广这种服务或者设备吗? 提供商会对哪种内容的服务产生兴趣? 客户最愿意为哪种价值主张掏腰包?

3.关于酒农:这种增值服务能让酒农愿意每月支付费用吗? 通过哪种渠道,这些客户细分群体是否容易接触到? 这种服务还需要哪些其他设备或软件才能实现整合?

主题3　商业模式评价

一、商业模式评价主要有哪些方法?

(一)全景图分析方法

全景图分析是根据商业模式画布,描述出不同要素模块的特征及企业的优势和劣势,针对服务不足的市场,探索出新的价值机会与利润增长点,值得注意的是,这些机会可能在相关的领域,也可能跨越了行业界限。基于优势和劣势的分析,实施商业模式创新,亚马逊是一个很好的范例。

（二）基于 SWOT 的详尽评估法

分析商业模块的整体效果是极为重要的,但单个模块的具体分析能够让创业者了解商业模式的运行现状,能够为创新与改进提供建议。结合商业模式画布,使用经典的 SWOT 框架进行分析,SWOT 提供了评估商业模式各元素的 4 个视角(优势、劣势、机会与威胁)。

SWOT 的优点是简洁,具有代表性,是被学术界和企业界广泛接受与认可的战略分析框架。然而 SWOT 的开放性经常使分析者们无从下手,最终导致讨论目的不明确,缺乏优秀的分析成果可能会导致管理层的 SWOT 疲劳症。

本书从价值主张、成本/收入、基础设施、客户界面等商业模式构成要素的几个重要方面,列出部分问题清单来帮助创业者分析商业模式各要素模块的优势与劣势。具体可见本章拓展阅读部分。

利用 SWOT 分析框架,能够结构化地分析商业模式,得出两个结论,首先让创业者明白现在的处境(优势和劣势),其次,其提供的信息有助于设计着眼未来发展趋势的新商业模式。

二、亚马逊是如何应用全景图分析进行商业模式评价的?

亚马逊为何在 2006 年推出"亚马逊 Web 服务"? 根据商业模式画布,分析 2005 年亚马逊在各要素模块的特征及优缺点。亚马逊的长处在于它卓越的客户连接和期权的产品种类。公司的主要成本支出也用在其长处上,即订单处理(投入达 4.51 亿美元,合 28.1% 的运营成本)。亚马逊商业模式的主要劣势在于利润率过低(亚马逊 2005 年的销售额是 85 亿美元,利润率 4.2%,谷歌当年的营业额是 61 亿美元,但利润率高达 23.9%,eBay 的营业额是 46 亿美元,利润率则为 23.7%),因为其销售的主要是低价值、低利润的商品,如书籍、音像制品等。

公司创始人杰夫·贝索斯和他的管理团队决定从两方面改进亚马逊的商业模式。首先,他们要继续专注于客户满意度及具有优势的订单处理工作,进一步发展在线零售业务。其次,他们开始在新的领域寻找增长点,这些新领域需要满足以下要求:一是服务不足;二是专攻有巨大增长潜力的领域;三是基于现有资源,向市场传递差异化的客户服务。

亚马逊商业模式优缺点分析图如图 8.3 所示。亚马逊机会发现图如图 8.4 所示。

2006 年,亚马逊专注于两项满足上述要求的新探索,第一个是亚马逊订单代理服务,第二个是一系列的亚马逊网络服务。这两个业务都依托于公司的核心竞争优势——订单处理和网页 IT 技术,都专注于服务不足的市场。更可喜的是,两项新业务创造的收益率比公司核心业务更高。

亚马逊订单代理服务允许个人和公司以付费的方式,享用亚马逊强大的订单管理服务。亚马逊把卖家的库存存放在自己的仓库里,等收到订单,就代表卖家选货、拼箱,再装运出去。卖家既可以使用亚马逊的平台,又可以通过自己的渠道。

亚马逊订单代理服务针对的市场是软件开发商或任何需要高性能服务器的公司,为他们提供定制的存储和计算服务。亚马逊允许软件开发商使用亚马逊的海量数据系统满足其

数据存储需求。得益于其强大的技术力量和在线销售领域独一无二的经验,亚马逊可以提供非常有竞争力的价格,并从中获得比在线零售业务利润率更高的收入。

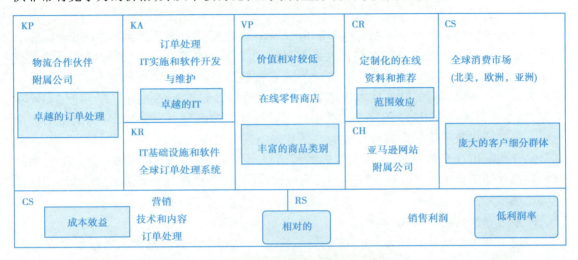

图8.3　亚马逊商业模式优缺点分析图

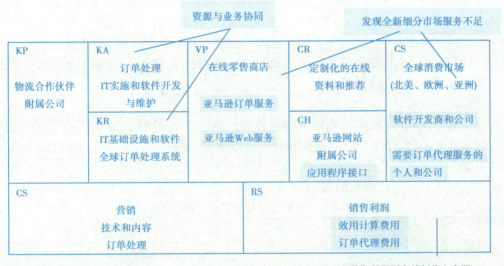

图8.4　亚马逊机会发现图

主题4　互联网时代商业模式

一、互联网时代有哪些新商业模式?

1.免费式商业模式

在免费式商业模式中,至少有一个庞大的客户细分群体可以销售持续的免费服务。免费服务可以来自多种模式。通过该商业模式的其他部分或其他细分群体,给非付费客户细分群体提供财务支持。

2. 长尾式商业模式

长尾概念是由克里斯·安德森(Chris Anderson)研究媒体行业得出的,这个概念描述了媒体行业从面向大量用户销售到销售庞大数量的利基产品的转变,而每种利基产品都只产生小额销售量。安德森认为有 3 个经济触发因素在媒体行业引发了长尾现象。首先,生产工具大众化。不断降低的技术成本使得个人可以接触到以前非常昂贵的工具。比如如果有兴趣,现在任何人都可以录制唱片、拍摄小电影或设计简单的软件。其次,分销渠道的大众化。互联网使得数字化的内容分发成为商品且能以极低的库存、沟通成本和交易费用,为利基产品开拓新市场。最后,获得供需双方的搜索成本不断下降。销售利基内容真正的挑战是找到感兴趣的潜在买家。现在强大的搜索和推荐引擎、用户评分和兴趣社区,已经让连接变得更加容易。

3. 多边平台式商业模式

多边平台被经济学家称为多边市场,是一个重要的商业现象。这种现象已经存在了很长时间,但是随着信息技术的发展,这种平台得以迅速兴起。Visa 信用卡、微软 Windows 操作系统、《金融时报》、Google、Wii 家用游戏机和 Facebook 都是成功多边平台的案例。多边平台是将两个或更多个有明显区别但又相互依赖的客户群体集合在一起的平台。平台作为连接这些客户群体的中介创造价值。例如,信用卡连接了商家和持卡人,报纸连接了读者和广告商,家用游戏机连接了游戏开发商和游戏玩家。平台的关键在于能同时吸引和服务所有的客户群体并以此创造价值。

4. 开放式商业模式

开放式商业模式可以是"由外到内",将外部创意引入公司内部,也可以是"由内到外",企业内部闲置的产品、技术、知识和智力资产,可以通过授权、盒子或分拆的方式向外部伙伴开放并变现。比如高科技公司把自己内部研究流程开放给外部合作企业。

开放式创新与封闭式创新的对比如表8.4 所示。

表8.4 开放式创新与封闭式创新的对比

封闭式创新	开放式创新
让处于本领域的人才为我们工作	我们需要与企业内外部人才一起工作
为了从研发中获益,我们必须自己调研、开发和销售	外部研发可以创造巨大价值,将整合内外部研发
如果我们掌控了行业内绝大多数最好的研究,就会赢	我们不必从头开始,坐享其成即可
如果我们创造了行业内绝大多数最好的创意,我们就会赢	如果我们能最好地利用内部和外部的创意,就会赢
我们需要控制自己的创新过程,避免竞争对手从我们的创意中获益	我们应该从其他组织使用我们的创新中获益,且只要其他组织的知识产权可以扩大我们的收益,我们就可以购买它

二、互联网时代新商业模式是如何应用的？

1. 免费式商业模式

接受免费的东西总是一个有吸引力的价值主张。任何销售商或经济学家都会证明在零价格点所引发的需求会是一分钱或任何其他价格所引发的需求的许多倍。近年来，免费产品或服务呈现爆炸式增长，特别是在互联网上。

有一些方式可以将免费产品或服务整合到某种商业模式中。有些传统的免费模式已经广为人知，如广告；此外还有免费增收模式，即提供免费的基础服务，并通过增值服务收费，这种商业模式已与日益增长的基于互联网提供的数字化产品和服务同步流行起来。

让免费成为可行商业模式有 3 种常见方式，其经济特征也存在差异，但它们都存在一个共同点：至少有一个客户细分群体持续从免费的产品或服务中收益。这 3 种模式包括：

（1）基于多边平台（带广告）的免费产品或服务；

（2）带有可选收费服务（免费增收模式）的免费基本服务；

（3）"诱钓"模式，即使用免费或廉价的初始产品或服务来吸引客户重复购买。

2. 长尾式商业模式

安德森的长尾理论在其他行业同样有效，如在线拍卖 eBay 也是基于数量庞大的拍卖者交易小额非热点商品而成功。可见，长尾式商业模式的核心是多样少量：他们关注于为利基市场提供大量产品种类，每种产品销售量较少。利基产品销售总额可以与凭借少量畅销产品产生绝大多数销售额的传统模式媲美。长尾式商业模式需要低库存成本和强大的平台，并使利基产品对于兴趣卖家容易获得。

3. 多边平台式商业模式

多边平台对某个特定用户的群体价值本质上依赖于这个平台"其他边"的用户数量。如果有足够多的游戏，一款家用游戏机平台就能吸引足够的玩家。另外，如果有足够的游戏玩家，也会吸引大量游戏开发商开发更多游戏。多边平台经常会面临"先有鸡还是先有蛋"的困境。解决这个问题的方法是针对一个群体，尽管多边平台运营商最主要的成本是运营费用，但是其往往会通过为一个群体提供低价甚至免费来吸引与之对应的另一个群体。多边平台的运营商所面临的困难是选择哪个群体，以及以什么价格来吸引他们。

因此，多边平台的创业者常常思考以下关键问题：

（1）我们能为平台各边吸引到足够数量的客户吗？

（2）哪边客户价格更敏感？

（3）能够提供补贴吸引价格敏感一边的用户吗？

（4）平台另一边是否可以产生足够的收入支付这些补贴？

4. 开放式商业模式

开放式商业模式可以用于那些通过与外部伙伴系统性合作来创造和捕捉价值的企业。这种模式可以是"由外到内"，将外部创意引入公司内部，也可以是"由内到外"，企业内部闲置的产品、技术、知识和智力资产，可以通过授权、盒子或分拆方式向外部伙伴开放并变现。比如高科技公司把自己内部研究流程开放给外部合作企业。在当前这样一个知识分散的世界里,企业可以通过对外部知识、智力资产和产品的整合创造更多价值,并能更好地利用自己的研究。

创业案例8-3 360安全卫士为何会成功?

2006年,360开始做360安全卫士时,没有商业动机,没有想到怎样挣钱,更没有想到未来要做免费杀毒软件,也没有想到要做浏览器、做搜索引擎。

21世纪初,除了网易,几乎所有的互联网公司都做插件,不经用户同意,强制性地在电脑里安装,然后劫持流量,乱弹广告。老百姓把这种插件叫流氓软件,用户叫苦不迭。如何解决流氓软件问题,基本上分为几派。一是法律派,认为流氓软件的问题必须通过法律解决。但是,互联网发展速度迅速,而且在互联网上取证非常困难,且不说是否能立案,即使能立案,官司完整地打下来,也需要好几年。二是政府派,认为要通过政府部门解决问题。360主张第三条道路,以暴制暴派,就是把武器发给用户,让用户解决问题。用户被流氓软件欺负,就是因为不懂技术。360给用户一个免费工具,能把流氓软件都干掉,这样电脑就太平了。

360安全卫士相当于为用户提供了一个免费武器,专门查杀各种流氓软件。从现在来看,360无疑是成功的,是因为当时中国互联网的网民在饱受流氓软件的危害,又没有人愿意解决这个问题,而360解决了,还终身免费,迎合了广大计算机用户的需求。仅三个月的时间,360免费杀毒的用户就过亿了。360用免费的商业模式颠覆了瑞星、金山付费的商业模式。一开始,360付出了惨痛的代价:360在做免费杀毒之前主要业务是在网上给其他品牌的杀毒软件做代理销售的,每年有近两亿元人民币的收入。做免费杀毒软件后,每年两亿元的收入就泡汤了。甚至董事会有投资人提出撤资,但周鸿祎和他的团队坚持了下来,因为他们相信只要有用户,项目迟早会成功。

今天,国内所有杀毒厂商都把360当成了学习榜样,360怎么做他们就怎么做,要把免费的模式做成,你必须得忍痛放弃收入。360成了中国第一大互联网安全品牌,拥有了好几亿用户。这也给所有要转型互联网的人上了一课,这就是:面对互联网的免费大潮,你如果主动拥抱变化,虽然未必成功,但最起码有成功的可能;如果你不拥抱变化,抱缺守残,那结果只有一个——被别人拿刀革自己的命,最后肯定不成功。

(资料来源:根据十大互联网经典商战案例,你知道几个?官网相关资料整理而成。)

思考与练习

1.走访或搜寻5家(校友)企业,分析其商业模式:

(1)分成若干小组,每组5~8人;

(2)每个小组选取一个区域(如广州、长沙或所在城市)的企业;

(3)各小组对商业模式进行分析、讨论;

(4)对该企业商业模式进行分类,对该企业经营方案提出改进(或变革)方案。

2.结合实际,以某传统企业为例,谈谈该传统行业该如何构建互联网+新商业模式。

3.以商业模式画布对小组的创新创业项目进行商业模式梳理,梳理后思考:

（1）商业模式画布中9要素间有何关联？

（2）若从商业模式画布9要素中选择一个要素作为核心要素，你认为是什么？阐述你的理由。

第9章　创业资源

在我们每个人的身边，都有用不完的资源。当你有所需要时，不妨看看你的身边，或许你所需要的就在你身边。把身边的资源充分利用起来，很多问题就会轻易解决。

——报业大王鲁伯特·默多克

学习目的

通过本章的学习，学生应达到如下要求：
1. 理解创业资源的含义及类型；
2. 掌握创业资源的获取途径、选择标准、整合步骤和整合技巧；
3. 了解创业企业的融资渠道及资源来源；
4. 了解创业过程中核心资源与非核心资源的作用。

导入案例

美味汤

公元前209年，江南某村突然来了一名术士，他在村里转了一圈后，于村口大哭。村民问其故，术士曰：天赐神水于此，煮石即成美味之汤。而村民不用，不可惜吗?! 村民不相信，术士说，只要村民立即为他准备水、石头与炊具，他现在就试煮给村民喝。村民很快将准备的东西给了术士。水煮沸后，术士尝了尝，故作姿势地说："哇，哇! 世界美味，若加盐，将会更妙!"村民立即给了他盐。术士加盐，搅拌后，再一次尝汤，同样称此汤为世界美味之汤，如果加点油，则更美味……用同样的方法，村民给术士提供了他想要的所有配料。最后，术士把汤分给村民品尝，村民惊讶，的确是世界美味之汤! 此汤便远传名，秦始皇下江南时尝之，也大赞。于是此汤便扬名天下! 该村以此创业，发了大财。此汤后因战乱而失传。

你能从故事中领悟出什么？

主题1　创业资源内涵

一、什么是创业资源？

资源和创业者的关系类似于画笔颜料和艺术家的关系，常言道："巧妇难为无米之炊。"如果创业者无法得到其创业所需资源，即使发现了创业机会，创业者也只能望(商)机兴叹。

资源就是任何一个主体在向社会提供产品或服务的过程中,所拥有或者所能够支配的各种要素及要素组合。有人认为,创业资源也就是企业创立及成长过程中所需要的各种生产要素和支撑条件。创业本质也就是创业者对资源的重新整合。

综合各种定义可以得出,创业资源就是创业者所需具备或能支配的所有创业条件。

创业机会识别的实质是创业者判断是否能够获取足够的资源来支持可能的创业活动。创业机会的存在本质上是部分创业者能够发现特定资源的价值,而其他人不能做到这一点。

就整个创业过程来说,创业机会的提出来自创业者依靠自身的资源财富对机会的价值确认。例如,同样的产品或者盈利模式,一些人会付诸行动去创收,其他人却往往放任机会流失。对后者来说,往往是缺乏必要的创业资源及资源整合能力。因此,从这一角度看,创业就是把创业机会的识别与创业资源的获取结合起来。

二、主要的创业资源有哪些?

创业资源有间接资源和直接资源之分。物资资源、技术资源、行业资源、人才资源是直接资源;政策资源、信息资源、人脉资源属于间接资源,因为这三类资源要素对创业成长的影响更多的是提供便利和支持,所以是间接资源,如图 9.1 所示。

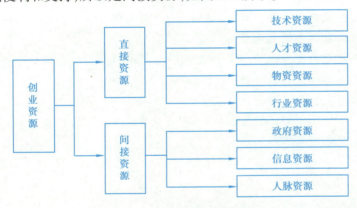

图 9.1 创业资源细分概念模型图

在这些创业资源中,有些是核心资源,如人力资源、管理资源和技术资源;有些是非核心资源,如资金、场地和环境。

创业者对资源的整合能力直接影响创业成败。

核心资源属于创业企业核心竞争力,是创业机会识别、机会筛选和机会运用几大阶段的主线。

识别核心资源,立足核心资源,发挥非核心资源的辐射作用,实现创业资源的最优组合,是创业资源运用机制的基本思路。

(1)技术资源。在创业初期,创业技术是最关键的资源,是决定所需创业资本的大小、创业产品的市场竞争力和获利能力的根本因素。大学生创业造就了惠普公司、英特尔公司等一批高科技企业,造就了硅谷神话,为美国创造了巨大的社会财富,首先依靠的就是科技技术。

（2）人才资源。创业真正的资源是人才,如何努力吸引和留住人才,已成为创业企业一项十分迫切的任务。

（3）物资资源。创业初期的物质资源主要为厂房、设备等。

（4）行业资源。充分了解某行业,掌握该行业关系网,比如业内竞争对手、供货商、经销商、客户、行业管理部门及科研机构、行业协会、行业杂志、行业展会等。

（5）政府资源。掌握并充分整合创业的政府资源;享受政府扶持政策,可使创业少走许多弯路,达到事半功倍的效果。

（6）信息资源。当今社会的飞速发展给创业者提供了一个新的信息时代的视角,信息资源对很多创业者来说就是成功的机遇,而机遇瞬间即逝,要善于整合、把握。

（7）人脉资源。创业一定不要浪费宝贵的人脉资源,多听听朋友的意见,争取他们的支持和帮助。

创业实训 9-1　列出你的创业资源

进入创业阶段必须符合两个条件:一是要有进入一个行业起码的资源;二是具备差异性资源。对于准备创业的人来说,须用书面的方式列出:

（1）进入这个行业的起码资源有哪些?

（2）我已经具备哪些资源?

（3）如何获取尚未具备的起码资源?

（4）进入这个行业的差异性资源是什么?

（5）我已经具备哪些差异性资源?

（6）如何获取尚未具备的差异性资源?

主题2　创业资源获取

一、创业资源的获取途径有哪些?

获取创业资源的途径主要有:一是在专业网站查询;二是用百度或其他熟悉的搜索引擎查找这方面的信息;三是查阅产业贸易期刊和相关产业的数据库;四是与专业人士进行交流接洽。

这些方法都有助于创业资源的获取。实际上,有关市场特征及竞争者情况的数据,反过来常常与一个商机的真正潜力相联系。也就是说,如果市场数据很易获得并显示出巨大的潜力,那么很多竞争者就会很快进入该市场,这恰恰表明该市场中的机会随之减少。

二、创业资源的途径筛选标准是什么?

企业获取创业资源的途径筛选标准应满足以下条件:

（1）产业内几乎没有竞争者;

（2）产业生命周期正处于导入期；

（3）产业增长率高且产业内企业平均利润率高；

（4）产品对消费者而言，不仅很重要而且是必需品。

可见，市场前景好的朝阳项目应是：市场需求旺盛且竞争者少，产品成长性好且净资产收益率高，启动资金少且风险低。

有些产业的利润率的确高于其他产业。表 9.1 是目前国内主要产业的平均利润率，创业者通过了解拟进产业的利润率水平状况，可作为创业资源获取的参考。

表 9.1　目前国内主要产业的平均利润率

序号	产业类别	产业利润率/%
1	电气机械及器材制造业，非金属矿物制品业，纺织业，纺织服装、鞋、帽制造业，家具制造业，化学原料及化学制品制造业，造纸及纸制品业，橡胶制品业，塑料制品业，金属制品业，黑色金属冶炼及压延加工业等制造业	5～10
	委托加工，修理修配等制造业	4～5
	农副食品加工业，木材加工及木、竹、藤、棕、草制品业，食品制造业，印刷业等制造业	3～5
2	煤炭开采和洗选业，非金属矿采选业	5～10
	其他采矿业	3～5
3	租赁业	8～10
	咨询与调查商务服务业	10～15
	其他服务业	5～8
4	交通运输业	3～5
	仓储业	5～8
	邮政业	5～8
5	批发业	1～2
	零售业	2～3
6	住宿业	8～10
	餐饮业	5～8
7	文化、体育业	5～7
	娱乐业	15～20
8	建筑业	4～5
9	房地产业	10～15
10	农、林、牧、渔业	3～5
11	其他	3～5

（资料来源：贺尊.创业学概论［M］.2 版.北京：中国人民大学出版社，2015：105.）

三、创业资源整合有哪些步骤?

资源整合能力的强弱,不但是衡量创业者能力的主要指标,更直接关乎企业的成长发展。如何分析、挖掘、整合和利用好创业资源,已成为创业成功与否的关键因素。

要想有效地进行资源整合,就要走好六大步:

第一步,明确目标;

第二步,必须具备的资源;

第三步,分析已有资源;

第四步,了解还缺哪些资源;

第五步,缺少的资源在谁手里;

第六步,如何将缺少的资源整合过来。

四、创业资源整合有些什么技巧?

创业资源整合技巧主要有资源拼凑、步步为营等。

(1)资源拼凑。资源拼凑是指在已有的资源基础上,替换其中的一些要素,形成新的资源包,这就是资源拼凑。很多创业者都是拼凑高手,创业者可以通过自己的独有经验和技巧,对身边资源加以整合创造。例如,很多高新技术企业的创业者并不是科班出身,只不过是对某个领域的技术略知一二,却凭借这个略知"一二"敏锐地捕捉到机会,迅速实现资源整合。

(2)步步为营。步步为营是创业者分多个阶段投入资源并在每个阶段投入最有限的资源。步步为营的策略首先表现为节俭,但不能过分节俭,否则会影响产品和服务质量,制约企业发展。比如,为了求生存和发展,有的创业者不注重环境保护,甚至以次充好。这样尽管短期可能赚取利润,但长期会危及企业的可持续发展。所以,需要"有原则地保持节俭"。步步为营策略应该减少对外部资源的依赖,以降低经营风险。

创业聚焦 9-1　步步为营的理由

杰弗里·康沃尔总结了步步为营的 9 条理由:

(1)企业不可能获得来自银行家或投资者的资金;

(2)新创建企业所需外部资金来源受到限制;

(3)创业者推迟使用外部资金的要求;

(4)创业者对掌控企业所有权的愿望;

(5)使可承受风险最小化的一种方式;

(6)创造一个更高效的企业;

(7)使自己看起来"强大"以便争夺顾客;

(8)为创业者在企业中增加收入和财富;

(9)审慎控制和管理的价值理念。

（3）发挥资源杠杆效应。创业资源也存在杠杆效应：用一种资源填补另一种资源，产生更高的复合价值；或者利用一种资源撬动和获得其他资源。对创业者来说，容易产生杠杆效应的资源主要是人力资本和社会资本等非物质资源。比如创业者通过识别出常规商业活动中难以被其他人发现的顾客需求，进而更容易获得财务和物质资源——这正是其杠杆作用所在。

（4）设置合理利益机制。资源通常与利益相关，创业者之所以能够从家庭成员那里获得支持，是因为家庭成员之间不仅是利益相关者，更是利益整体。创业者在整合资源时，就一定要设计好有助于资源整合的利益机制。因此，整合资源需要关注有利益关系的组织或个人，要尽可能多地找到利益相关者。利益关系越强、越直接，整合到资源的可能性就越大。识别到利益相关者后，逐一认真分析每个利益相关者所得到的利益非常重要。

创业案例 9-1 通过免费乘车赚钱

四川航空公司通过和风行汽车公司合作，将原价 14.8 万元的 MPV 休旅车以 9 万元的价格一次性购买了 150 辆，以一台休旅车 17.8 万元的价钱出售给司机，让司机在车上帮风行汽车做广告，宣传汽车。每一部车可以载 7 名乘客，以每天 3 趟计算，150 辆车带来的广告超过了 200 万的受众群体，宣传效果非同一般。四川航空公司告诉司机只要每载一个乘客，四川航空就会付给司机 25 元人民币，司机虽然说要花钱购车，但是由于有稳定客源，也非常乐意。乘客也得到实惠，乘客可以免费乘坐四川航空公司的大巴车，节省 150 元的车费。接下来，四川航空推出了只要购买 5 折票价以上的机票，就能享受免费市区接送的活动！

思考与讨论：

1. 创业资源整合的常用技巧有哪些？

2. 分析以上案例中四川航空公司大巴车虽然免费乘坐但是如何通过资源整合实现盈利的？

主题 3 创业企业融资

一、创业成本主要有哪些？

创业成本主要有两种：一是会计成本，二是机会成本。创业项目投入的人力、物力和财力，构成了会计成本；而创业者放弃原有的职业和收入，这是机会成本。具体来讲，创业者的创业成本主要体现为以下 3 方面：

（1）潜在的投资风险。创业者为了开办企业投入大量的人力、物力和财力，若成功，投资能得到回报；若失败，投资会"覆水难收"，不仅损失了以前的积蓄，甚至还要偿还债务。

（2）收益的不确定性。创业不像工薪阶层有固定收入，创业利润波动较大，有时少，有时多，极不稳定，而且创业初期处于亏损状态居多。

（3）超负荷的时间成本和心理成本。创业者工作时间不固定，可能每周远不止工作 40 个小时，有可能每天工作 14 个小时以上，甚至没有节假日。几乎所有时间和精力都要花在事业上,包括生产、供应、销售等方面。除此之外,创业者还面临诸如渴望成功、独立决策、家庭亲情、员工内斗、利益分配等方面的压力。这迫使创业者必须花费大量的时间和精力应对。因此,创业是非常艰辛的,需要透支许多时间成本和心理成本。

除此之外,创业者还面临着社会创业体系缺陷所导致的社会成本。如市场信息不充分、资源市场有缺陷、政府对创业的激励不足、社会缺失创业文化、创业社会保障体系不健全等有形和无形成本,严重制约了创业者将创业计划付诸实施的行动。

二、创业企业的融资渠道有哪些?

新创企业的融资存在多种途径和方式,因项目性质和风险收益特征的不同而不同。具体到个别项目,因项目运作阶段不同可采用的渠道也不同。

新创企业较常见的融资途径主要包括创业者、人脉融资、内部积累、商业银行、民间资本、融资租赁、政府扶持基金与优惠政策、中小企业互助基金等。

(1)创业者。几乎所有的创业项目都是从个人资金起步的,创业者个人资本的投入为外部资本提供了最基础的保障。许多创业者也是抱着自行解决所有融资需求的想法,自我融资是获取创业资金的一种途径,但它不是解决融资问题的根本方法。

(2)人脉融资。在我国,以家庭为中心、以信任为基础形成的社会网络关系对创业融资活动有着十分重要的促进作用。中国属于"五缘文化"国度,非常讲究人脉关系。创业者在创业初期往往缺乏正规融资的抵押资产、缺乏社会筹资的信誉和业绩,因而很难从正规的金融借贷机构获得融资,只能依靠创业者的人脉关系来获得。

(3)内部积累。内部积累主要是企业留存的未分配利润。创业初期,采取不分红或少分红,将企业利润尽可能多地投入到再生产中,为持续经营或扩大经营提供资金,是一种常规做法。

(4)商业银行。商业银行一般"嫌贫爱富",它们倾向于借钱给那些评估能成功的企业,但新创企业失败率较高,一般很难入其"法眼"。不过,随着政府对创业的支持和银行之间激烈的竞争,商业银行也有所改观。例如,2009年12月28日,民生银行专门设立中小企业金融事业部,成为全国银行首家总部专门服务于中小企业的金融专营机构。

(5)民间资本。民间资本具有投资操作程序较为简单、融资速度快、门槛较低等特点。利用民间资本,可以采用入股方式,也可采用借贷形式。

(6)融资租赁。融资租赁也称金融租赁或资本性租赁,涉及出租方、承租方和供货方三方当事人。其一般操作程序是由出租方为承租方提供所需设备(拥有设备所有权),承租方拥有设备使用权并支付租金。

(7)政府扶持基金与优惠政策。近年来随着创新创业活动的开展,各地、各部委纷纷出台了相关政策,建立了多项扶持基金,这已成为创业企业获取融资的重要"营养餐"。

(8)中小企业互助基金。近年来,我国江苏、浙江、安徽等地中小企业发展较好的地区和城市积极探索建立中小企业互助基金,以解决其抱团自助和危机互助问题。这类互助基金多采取"政府支持、企业互助、金融合作"的模式,遵循"共同受益、共担风险、相互制约"的原则,实行会员制管理。政府投入少部分启动资金,组建基金,设立章程。中小企业按规定的

入会条件,自愿入会,享有相应额度的担保或贷款便利。

(9)连锁加盟。为迅速扩大市场份额,常会采取连锁加盟或结盟代理等方式,不是直接的资金扶持,但对缺乏资金的创业者来说,相当于获得了一笔难得的资金。例如,2000 年 8 月,上海浦东发展银行与联华便利合作,推出面向创业者的"投资 7 万元,做个小老板"的特许免担保贷款业务,由联华便利为创业者提供集体担保,上海浦东发展银行向通过资格审查的申请者提供 7 万元的创业贷款,建立联华便利加盟店,许多缺乏资金的创业者一圆创业梦。

创业聚焦 9-2　独具特色的中国"五缘"文化

中国推崇"五缘"文化——亲缘、地缘、神缘、业缘和物缘。"五缘"代表着 5 种关系:

(1)亲缘(Kinship),是指宗族、亲戚关系,包括血亲、姻亲和假亲(或称契亲,如金兰结义等)。

(2)地缘(Geographicalrelationship),是指邻里、乡党等关系,即通常所说的"同乡""老乡"。

(3)神缘(Religousrelationship),是指共同的宗教信仰的关系,如信道教的人走在了一起。

(4)业缘(Businessrelationship),是指同学、同行之间的关系,有共同的利益和业务关系,有切磋和交流的需要和愿望,由此组合而成的人群,其最重要的便是同学。

(5)物缘(Productrelationship),是指因物(如土、特、名、优等产品)而发生的关系,因物而集合的人群,比如因喜欢红木家具而结缘,因喜欢集邮而结缘。

三、不同创业阶段的融资来源有什么不同?

创业的不同发展阶段,资金的来源有所不同,具体如图 9.2 所示。

准备期以自有和亲朋资金为主,初创期为天使投资,发展期是以风险投资和商业银行贷款为主,成熟期则以股东收益和一些战略性投资为主。

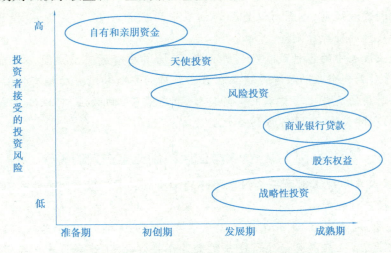

图 9.2　创业企业不同发展阶段的资金来源

四、创业企业融资如何扬长避短?

(一)亲朋好友融资

创业企业的一个主要融资来源是亲朋好友。亲朋好友的融资虽然比从人脉资源中获得的资金相对要容易一些,但与所有融资渠道一样,向家庭成员和亲朋好友融资也有不利因素。

首先,如果家庭成员和亲朋好友以入股形式注资成为股东,难免对企业经营有干预,且容易给其他合作者留下家族企业的印象。

其次,创业者对家庭成员和亲朋好友出资表现得相对随意,有可能诱发后续纷争。

(二)外部融资带来的弊端

(1)为了获得外部资金花费了大量精力和时间(通常为 3~6 个月),而忽视了产、供、销等方面的工作。

(2)外部募集的资金,有可能被管理者当成企业的"收入",随意支配使用,甚至导致资金滥用。

(3)外部融资可能降低企业经营的自主性和灵活性,创业者的取向、管理、创造力都会受到牵制,甚至偏离融资计划中的经营重点和方向。

(4)外部权益资金的介入,还可能导致创业者迫于短期业绩增长的压力,做出有损企业长期发展的决策。

(5)外部融资成本明显高于内部融资成本,难免有"为他人作嫁衣"之嫌。

创业聚焦9-3　防范融资风险

为减少潜在问题的出现,创业者可以进行有效防范:

一是在获得资金时须明确债权融资与权益融资的区别,要签订好书面协议,规范企业借贷行为,制订好"有福同享,有难同当"的游戏规则,做到"亲兄弟明算账",明晰利率和本息偿付计划及红利发放规则,重点商议好融资细节中的资金数量、有关条件、投资者的权利和责任及对业务失败的处理原则等。

二是对企业成长中的各种风险及利弊信息,让为其出资的家庭成员和亲朋好友有知情权,使他们坚信对新创企业的投资是建立在自己正确的判断和对成功抱有信心的基础之上,而不是建立在所谓的义务上。这种"事前小人,事后君子"的做法,可以减少或避免利益之争,构建和谐的人际关系,保障各方利益免受侵害。

创业案例9-2　女大学生风险创业第一人的失败

1999 年,武汉华中理工大学一名叫李玲玲的学生除拥有 7 项实用新型专利外,还有部分专利正在开发投产过程中。

2000 年 5 月,她被评为"湖北省十大杰出青年"。1999 年 7 月,李玲玲领取大学生风险创业基金 10 万元,成立武汉天行健科技开发有限责任公司,任董事长兼总经理,被媒体誉为"中国女大学生风险创业第一人"。但是,李玲玲所办的公司不到一年就陷入了停顿状态。

持续创业的经营能力和把握市场能力的欠缺让她从创业的列车上摔了下来。那么创业企业发展中要如何管理才能让企业可持续发展?

思考与讨论:

1. 创业企业通常必须有哪些资源?

2. 分析以上案例中大学生李玲玲创业失败的原因。

主题4　核心创业资源

一、技术资源在创业过程中有何重要作用?

在企业新创时期,专门的知识技能往往掌握在创业者等少数人手中,因而此时的技术资源往往是企业竞争优势的重要来源。拥有技术核心资源,就要有办法获得财务资源。

技术资源的重要性能回答这样一些问题:

(1)我们能提供什么样的产品或者服务?

(2)它能满足或者实现人们什么样的需求?

(3)谁会需要我们提供的产品或者服务?

在创业初期,技术资源是最关键的创业资源原因主要有以下3个方面:

一是创业技术是决定创业产品的市场竞争力和获利能力的根本因素。

二是创业技术核心决定了所需创业资本的大小。

三是新创期一般规模较小,因而对管理及人才的需求不高。

创建企业是否掌握创业需要的"核心技术"或"关键技术",是否拥有技术的所有权,决定着创业成本,以及新创企业能否在市场中取得成功。美国的微软公司和苹果公司,最初创业资本不过几千美元,创业人员也只有几人。它们之所以走向成功,就是因为拥有独特的创业技术。

很多时候,拥有核心技术,就拥有了获得资金支持的资本。在2005年的大学生创业竞赛中,上海交通大学七彩虹创业团队所持项目——分布式ISP接入方式,通过技术手段实现上网电话费用的降低,可以从当时的每小时2元降到0.07元。这一项目极具市场前景,上海交大科技创业有限公司近水楼台先得月,抢先和七彩虹创业团队签订了投资协议。

二、人力资源在创业过程中有何重要作用?

人力资源不仅包括创业者及其团队的特长和知识、激情,还包括创业者及其团队拥有的能力、经验、意识、社会关系、市场信息等。

美国苹果公司创立人史蒂夫·贾伯曾经说过:"刚创业时,最先录用的10个人将决定公司成败。"小公司对优秀人才的依赖要比大公司更大,如果创业的小公司在人才资源利用上不当,极易造成公司重大损失,甚至倒闭。

专业人才在创业过程中的作用可以从创业者、创业团队、管理团队及骨干员工的角度体现出来。

创业者是新创企业的核心,其所具有的人力资本、社会资本对新创企业的创建和后续发展具有非常关键的作用。影响创业者人力资本的直接因素主要包括教育经历、工作经历和相关的创业经历;影响创业者社会资本的直接因素主要包括创业者的家庭背景、生活的地缘环境、拥有的社会关系及创业团队所具有的其他特征等。

创业者的人力资本和社会资本对创业团队的组建也有重要作用。一方面,优秀的创业领导人更有可能吸引优秀的人才共同创业;另一方面,创业者的社会资本对创业团队的组建和持续性发展发挥着不可忽视的作用。

管理团队也是创业过程中重要的人力资源。随着新创企业发展到一定阶段,管理体系逐渐健全,各项规章制度逐步完善,组织架构也日益明晰,这时企业需要从外部引进一些专业管理人才,以便为企业带来有益的建议与革命性的管理思路。但是这些外来人士的管理风格与理念可能与原有创业团队核心成员不同,甚至可能有矛盾冲突。

三、获取技术资源的途径有哪些?

获取项目起步所依赖技术的途径方式有:
(1)吸引技术持有者加入创业团队;
(2)购买他人的成熟技术并进行技术市场寿命分析等;
(3)购买他人的前景型技术,再通过后续的完善开发,使之达到商业化要求;
(4)同时购买技术和技术持有者;
(5)自己研发,但这种方式需要时间长,耗资大。

四、获取人力资源的途径有哪些?

人力资源不是指创业企业成立以后需要招募的员工,而是指创业者及其团队拥有的知识、技能、经验、人际关系、商务网络等。获取人力资源的途径主要有以下几种:
(1)打工;
(2)模拟公司运作;
(3)参加校园创业大赛或者挑战杯大赛;
(4)拜访优秀的人;
(5)与优秀的人共事;
(6)通过创业活动选择创业团队。

创业案例9-3　3个技术资源案例

在2006年第二届中国青年创业周上一举摘得"中国最具潜力创业青年奖"的董一萌,于2001年获得长春市新星创业基金10万元,并于当年9月成立"一萌电子公司",主营网站建设和软件开发。董一萌认识到,一个企业必须有自己的核心产品,其发展才有后劲。当时,全国网民中近90%是通过搜索引擎寻找需要的信息,因此,董一萌意识到,搜索引擎营销是

一个黄金行当。然后,他们"集中所有精力,做好这一件有创新和实用性的小事"。几个月后,"一萌公司"推出了自己研发的"善财童子",客户只要使用该产品,便可使其网站排在搜索结果的前几名。截至2005年年底,董一萌发展了全国多个省市的代理商,并在北京建立了分公司。

一些看起来很有市场前景的"商机",如果没有拥有或控制核心技术就贸然进入市场,必然很快遭受重创。北京师范大学国际贸易专业的学生胡腾和7位同学筹资12万元,于2003年8月27日正式注册成立了思迈人才顾问有限公司,他任总经理,并建立了专业的人才网站——思迈人才网。公司的主旨是为企业和个人提供人才评估、咨询、培训、交流、猎头、人事代理等服务,为高校毕业生就业开通"绿色通道",提供求职培训、素质测评、推荐安置工作等服务。公司看起来很有市场前景,但该团队中没有一个人拥有评估、咨询、培训、猎头及人事代理的核心技术甚至运营经验;开业之初,由于人才网络、企业网络没有运作起来,各种服务项目没法开展。于是,胡腾决定从最基础的为大学生找家教和其他兼职做起,这也不是他们擅长的。2003年12月,公司创立仅3个月,净亏7.8万元。最后,他以1元钱价格把思迈转卖给了一个博士生。

最后要特别指出的一点是,技术的外延应该比较宽广一些,做菜、按摩、养猪等都有技术可言,若小看这些技术,将会犯十分低级的错误。2006年,在成都开面馆的6位研究生,虽然在开业前两个月,6个人曾分头到成都大街小巷的面店去"明察暗访",两个月时间,先后跑了几百家面馆,吃了1 000多碗面,发现了"成都的快餐吃得最多的还是面条"这样的事实,决定开始创业——做面馆,但他们并没有拥有提供"好味道面"的技术,他们的面"量少、难吃",4个多月后,将面馆怅然转手他人。

主题5　非核心创业资源

一、在创业过程中非核心资源有何重要性?

创业过程中除了上述技术和人力资源属于核心资源,还有很多资源也很重要,比如人脉、财务、信息、政策等。

如果要问富人共有的特点是什么,《行销致富》的作者史坦利教授说:"答案是一本厚厚的名片簿。更重要的是他们广结人际网络的能力,这便是他们成功的原因。"说的就是人脉资源价值。"有人脉获得财富就像坐电梯,没人脉获得财富就好比爬楼梯。"在当下信息时代,丰富的人脉资源能帮你节省更多的时间和精力,助你实现创业梦想。

财务资源是创业企业向债权人、权益投资者通过内部积累筹集的负债资金、权益资金和留存资金。财务资源是企业的核心资源,是企业生存和发展的物质基础,是创业企业实现其企业目标的根本保证。

信息资源是创业者重要影响因素。创业者信息资源越丰富,越能对创业机会的价值具有较高的判断能力,更容易抓住商业机会。创业者信息资源越丰富,越具有创业动机。信息资源既要整合管理好企业内外部的资源,又要进行资源合理规划。

政策扶持一方面能让创业项目吸引更多的其他资源,另一方面也会让投资人更愿意投资创业项目。

二、在创业过程中如何寻找良好的人脉资源?

人脉资源的来源最重要的有两个:一是同学(战友)资源;二是老乡资源。

(1)同学资源。很多创业者的成功经历告诉我们,在创业者的人脉资源中,按其重要性来看,排在首位的就是同学资源。同学关系作为在学校读书期间所构建起来的人际关系,比起毕业后在社会上构建的人际关系要单纯很多,因为同学之间本来就没有真正的利害冲突,这种单纯的同学关系有其淳朴的一面,通过这种关系处理一些事情,自然更加简捷便利。被誉为"新东方的三驾马车"的新东方创始人:俞敏洪、王强、徐小平是同学。王强是俞敏洪的班长,徐小平是团委老师。有段时间 MBA、EMBA 很火,很多想读 MBA、EMBA 的人就是冲着能多获得同学资源去的。一个创业者曾说,他到中关村创立公司前曾花了半年时间到北大企业家特训班上学、交朋友。他开始的十几单生意都是在同学之间做的,或是由同学帮着做的。同学的帮助在他创业的起步阶段起了很大的作用。

(2)老乡资源。乡情是中国人较重视的感情之一,共同的语言、共同的口味……诸多的共同点会让老乡们更容易建立信任。比如,几百年来的晋商会馆,长沙遍布各县商会等。中国人自古就有着强烈的乡土观念,对同乡有一种天生的热情。既然是老乡,双方就必然有共同点,很重要的一点就是"乡音"。尤其是在异乡,才会恋乡,才会"爱乡及人"。老乡仅是交往的一个突破口,对待老乡,不要抱功利心态。与你是老乡,并不意味着他就一定会帮你,重要的是与之建立长久的互惠关系,而非为了特定的目的进行交往,互利才是增进关系的重要法门。从老乡关系转变为朋友关系,才能互帮互助。

三、在创业过程中财务支持的主要来源有哪些?

根据资金来源不同,创业财务支持包括个人创业融资、社会创业融资、政府创业融资三大类。

(1)个人创业融资。个人创业融资主要包括自有资金和亲友支持。亲友相较于陌生人更了解创业者的个人情况。这种融资方式一般没有利息或只要很低的利息,筹资成本很低,而且不需要抵押,但难以满足较大数额的资金需求。另外,由于亲情、友情这样的融资往往没有正规的合约或协议,缺少法律保护,一旦出现纠纷,容易陷入僵局,甚至影响双方感情。

(2)社会创业融资。社会创业融资主要包括银行贷款、风险投资、天使投资、创业板上市融资等。在市场经济环境下,创业者应该积极寻求面向社会的融资渠道,这是解决企业创办及日后发展所需资金问题的根本办法。

(3)政府创业融资。创业既关系就业等经济问题,又关系社会稳定等政治问题。近年来,我国政府非常重视创业活动,也出台了大量政策鼓励引导,尤其是对最困难的创业融资环节,各地区推出了一系列创业优惠政策。

创业案例 9-4　UPS 公司资源整合

联合包裹速递服务公司(UPS)是一家集物流、运输、资本和电子商务服务于一身的专业快递承运商包裹公司。UPS 最近对供应链管理服务资源的整合就很能说明问题。UPS 于 2002 年 1 月将原有为客户提供供应链管理服务的物流集团公司、货运服务公司(包括飞驰货代)、金融公司、咨询公司和邮件管理公司等进行整合,新设供应链管理解决方案事业部,目的是整合 UPS 所有与供应链管理有关的服务资源,使客户能够方便地获得专业知识支持,即为客户提供"一站式"的供应链管理服务。

该事业部拥有一个由工程师、物流管理专家、技术集成专家、多式联运专家和投资分析家等组成的团队,为客户的全球供应链管理设计方案,然后交由各专业公司组织实施。该事业部的市场定位是全球化运作的大公司,主要为高技术、通信、健康产品、汽车、零售和消费品领域的客户服务。2001 年,参与整合的物流集团公司、货运服务公司、投资公司和邮件管理公司的营业收入总和达 24 亿美元。

思考与练习

1. 如果你创业,或者你小组的创业项目:
(1)有哪些创业资源? 它可以分为哪些类型?
(2)创业项目已有哪些资源? 缺乏哪些资源?
(3)如何获取所缺资源?
(4)无法获取资源怎么办?
2. 何为资源? 什么是有效资源? 是否存在资源的不可控性? 如何解决?
3. 以商业模式画布九宫格为基础,思考下列问题:
(1)我们可以在哪些领域或从哪些角度寻找挖掘创业资源?
(2)哪些资源可以成为创业资源?
(3)作为当代大学生,最能掌握的有效创业资源是什么?

第 10 章　创业计划书

一旦他们将创业计划写到纸上，那些希望改变世界的天真想法就会变得实在且冲突不断。因此，文件本身的重要性远不如文件形成的过程。即使你并不试图去集资，你也应当准备一份创业计划书。

——硅谷著名创业家和风险投资者盖伊·卡韦萨基

学习目的

通过本章的学习，学生应达到如下要求：
1. 认识创业计划书在创业过程中的重要性；
2. 理解创业计划书的主要内容与基本结构；
3. 掌握创业计划书的撰写方法与展示技巧。

导入案例

江大学子马正军的创业故事

2010 年，马正军考取了江苏大学流体中心硕士研究生，致力于水泵节能方向的研究。他在水泵节能运行方面的科研颇有成效，拥有两项相关发明专利。2011 年，他的"化工循环水系统节能策略研究"项目获得全国大学生节能减排社会实践与科技竞赛二等奖。2012 年，由他主持的创业团队项目"腾图节能科技创业计划"夺得第八届"挑战杯"全国大学生创业计划竞赛金奖。

受竞赛的鼓舞，马正军立志要把创业计划变成创业行动。马正军在镇江市注册了腾图节能科技有限责任公司（以下称"图腾节能"），专门对企业进行水泵能耗评估及节能方案设计。

但开公司需要钱，运转公司也需要钱，钱从哪里来呢？

2012 年，镇江市"寻找创业英雄"大型励志创业电视活动经过海选、初赛、复赛、决赛，马正军带着他的团队和"腾图节能科技创业计划"项目一路闯关，最后拿下了决赛总冠军，获得了镇江市政府 10 万元的创业资助和一个门面房 5 年使用权的奖励，这样，启动经费有了，连办公用房也一并解决了。

为了增进客户的信任，腾图节能把业务范围从只做能耗评估和节能方案设计扩展到节能改造，并引进了 EMC（合同能源管理）商业网模式，与客户签订节能改造合同后由腾图出全资对其泵站进行节能改造，在合同期内与客户按合同规定的比例分享节能收益，让客户在改造过程中"零投资，零风险"。改造后水泵电耗降低，合同期内由腾图公司和客户共同分享节能收益;合同期满后,设备移交给客户,由客户独得收益。由于腾图节能须预先垫付所有前期投入费用,因此面临巨大的资金压力。所幸的是,该项目受到了南京市政府的关注与支持,2013年8月入选南京"321"领军型科技创业人才引进计划,获得130万元创业启动资金。同年8月,成立南京腾图节能科技有限公司,注册资本120万元。受马正军创业梦想的感召,马正军的师兄弟也放弃了原有的工作,一并加盟了腾图节能科技公司。公司日益发展壮大。

主题1 创业计划书结构

一、什么是创业计划书?

创业计划书,又称为"商业计划书",是引领创业的纲领性文件,是创业者具体行动的指南。

一位风险投资经理曾经这样描述他一个月内看过的创业计划书:100份创业计划书中,有一半会在初次审阅时被淘汰;在几个小时更为细致的评估之后,又有25份遭否定;经过更加深入的分析后,剩下的计划书中大概又有10份不符合要求。

在最初的100个候选者中,只有少数几家公司的创业计划书可以进入比较深入的分析评估阶段,而能够就合同的条件协商成功,并最终获得投资的公司就更少了。由此可见,拟订一份优秀的创业计划书,对寻找风险投资的企业来说多么重要。

创业计划书是创业的行动导向和路线图,既为创业者行动提供指导和规划,又是实现内外部有效沟通的关键。

创业计划书的撰写可迫使创业者系统思考新创企业的各个因素,促使创业团队定期沟通,讨论将要从事的工作。

一般情况下,撰写创业计划书主要有两大原因:对企业内部来说,创业计划书为企业执行战略和计划提供了值得借鉴的"蓝图",能够迫使创业团队一起努力工作,全力以赴地解决风险创业的各个细节;对企业外部来说,它能够向潜在投资者和其他风险投资者介绍企业正在追寻的商业计划,赢得对方支持。

创业计划书已经被认为是创业者实施创业的一种重要工具,而制订和实施创业计划则被视为新企业创建过程中的关键一环。例如,创业动态跟踪调查项目(PSED)针对多个国家创业者进行的大规模调查显示,制订创业计划已是创业者在创业时必须完成的关键活动之一。

二、创业计划书有什么作用?

一是创业计划书是企业创建的共同纲领和行动指南。通过创业团队的反复论证,将抽象的、存在争议的创业理念转化为清晰的产品,明确产品的功能、质量、销售策略与方式,显示资金筹集和盈亏平衡点等具体问题,最终形成统一的引领创业行动的纲领性文件和具体行动指南。这个过程中,创业者必须考虑企业运行的各个方面,对企业运营费用,成本与销售进行预测并检验计划的可行性。全面规划企业未来发展路径,明确目标客户群体,规划企业的产品与服务,了解竞争现状,规范市场范围,形成有效的营销策略与商业模式。

二是撰写创业计划书可以使创业团队及其员工统一思想、团结一致地工作。一份清晰的创业计划书往往经过创业团队开展多次讨论,对企业愿景和未来均做出详细的陈述,无论对创业团队还是普通员工都有十分重要的意义。创业计划书的撰写过程和创业计划本身同样具有价值,是创业目标变成现实的重要途径,是员工理解企业目标、完成企业计划的重要措施。

三是创业计划书可以作为推销性文本,为企业向潜在的投资者、供应商、职位候选人及其他利益相关者介绍拟创办的企业。有研究表明,拥有创业计划书和新创企业获得资助之间呈正相关关系。作为一种推销性文本资料,好的创业计划能让投资者更快地了解公司,继而产生投资该项目的兴趣,为企业筹集所需的资金;一个完善的创业计划书还能以可行性论证的形式出现,利于企业争取政府部门的支持。

三、创业计划书包括哪些主要内容?

创业计划书是整个创业过程的灵魂,主要记载了创业相关的内容,包括企业描述、产品与服务、创业者团队介绍、创意开发、核心竞争力分析、市场及营销分析、财务管理分析、风险分析、退出策略等。在创业过程中,这些都是不可或缺的元素。

其中企业描述是指企业成立的时间、形式与创立者、创业团队简介,企业发展概述。产品或服务的说明,要从产业分析、产品分析和市场分析展开。其中,产业分析和产品分析是对创意价值的合理性解读,市场分析要对企业的顾客和市场开展分析。创业团队要对团队的组建、分工和管理予以介绍。研发计划、生产经营计划和营销计划是对创意开发模式的进一步说明。竞争分析可以基于波特的五力模型展开。资源需求、融资方式和投资回报则是从财务方面对创业项目分析和说明。最后是风险分析和退出策略。

一份完整的创业计划书应该包括封面、目录、执行摘要、正文和附件五大部分。

(1)封面。封面上应明确创业项目的名称,体现企业经营范围,同时以醒目的字体标示出创业计划书的标题,如《××创业计划书》。封面上还应有企业名称、地址、电子邮件地址、电话号码、日期、主创者联系方式和企业网址(如果企业已经建立了自己的网站),这些信息放在封面的上半部分;如果企业已有徽标或商标,将其置于较为醒目的位置,封面下可提醒读者对计划书内容保密。需要注意的是,封面上最重要的一项内容是要标明计划书撰写者的联系方式,方便投资者与创业者联系。

(2)目录。目录是正文的索引。按照章节顺序逐一排列每章大标题、每节小标题及章节对应的页码。目录可以自动生成,以显示到二级或三级小标题为宜。

(3)执行摘要。执行摘要即执行概览,是创业计划书第一页的内容,是整个创业计划书的概述,通过简短、全面的介绍,向投资者传递其所想要知道的新企业独特性质的所有信息,因此,执行摘要必须能激发投资者的兴趣。

(4)正文。正文是创业计划书的主要内容,包括主体和结论两大部分。主体是对各个部分的详细阐述;结论是对整个创业计划书内容的总结式概括,与执行摘要首尾呼应,体现文本的完整性。

(5)附录。附录是对主题部分的补充。受篇幅限制,不宜在主题部分过多描述的,或不能在一个层面详细展示的,或需要提供参考资料或数据的内容,一般放在附录部分,以供参考。如专利证书或专利授权书、调研问卷、荣誉证书、营业执照等。

关于创业计划书的长短,尽管专家给出了不同的意见,但多数还是建议为 20~35 页,很多创业计划书软件包可以向创业者提供基本结构。

创业聚焦 10-1　创业计划书目录

以下是一份"互联网+"全国大学生创新创业大赛获奖作品,隐去了真实企业名称,其创业计划书的目录如下:

一、执行摘要

(一)项目背景

(二)需求分析与市场定位

(三)产品与服务

(四)商业模式

(五)项目风险与控制

(六)营销方案

(七)财务分析

(八)退出机制

(九)团队介绍

二、项目背景

(一)产业背景

(二)形势与挑战

(三)项目团队的优势

三、需求分析与市场定位

(一)客户端的用户需求分析

(二)潜在内容提供商的需求分析

(三)目标市场选择

(四)市场定位

四、产品和服务

(一)产品与服务的架构及特征

(二)产品与服务概述

(三)产品和服务竞争优势

五、商业模式

(一)目标客户与价值主张

(二)价值生态系统

(三)盈利模式

（四）核心能力

六、项目风险分析与控制

（一）内部风险

（二）外部风险

七、营销方案

八、财务分析

（一）资本结构与股东权益

（二）资金用途

（三）经济效益分析

（四）项目投资回报分析

九、退出机制

十、团队介绍

附件一：前期调研报告

附件二：建设方案及其技术可行性报告

主题2　创业计划书的撰写

一、如何撰写执行概要？

最清晰简洁的执行摘要依次介绍创业计划书的各个部分,章节顺序应与创业计划书中的顺序一致。措辞应严谨正式而又有条理,不失热情与憧憬;避免使用专业词汇和术语,尽可能用浅显的语言让投资者了解创业计划书的主要内容。

执行摘要中需要回答:①新企业准备做什么？②谁将管理新企业？③新企业的所有要求是什么？④提议中的创业计划如何实施？⑤新企业如何取得成功？等等。

创业聚焦10-2　创业计划书执行概要

执行摘要一般包括以下内容:

（1）创业计划的背景。陈述创业产生的背景,旨在让投资者相信创业者的理念是正确的。

（2）创业项目简述。显示与竞争对手相比本企业的产品与服务的优势体现在哪些方面,如何给顾客提供独特的利益。

（3）目标市场分析与预测。投资者确信公司发展战略是有科学依据的。

（4）运营策略简介。介绍创业者对企业进入市场的时机、策略、方式等以及产品与服务的升级与退市路径。

（5）创业团队概述。展示管理能力,突出创业团队优势。

（6）预计产生的效益。介绍企业的资本结构、资金需求量与使用、未来几年的收益,让投资者对项目的盈利性充满信心。

执行摘要通过简洁精练的语言,全面反映创业计划书的核心内容,让投资者通过摘要就可以全面了解该项目的基本情况与发展前景。

大部分专家建议,撰写创业计划书的目的如果是筹集资金,最好在执行摘要中明确拟筹集的资金数额及性质,如果是股权投资甚至可以明确投资者不同投资额下所占企业的股权比例,吸引投资者的关注。

值得注意的是,执行摘要并非创业计划书的引言或前言,它是对整个创业计划书高度精练的概括,是整份创业计划书的精华和亮点,创业执行摘要一般不超过两页。

二、如何描述项目或企业?

创业计划书主体部分从企业描述开始。该部分能体现创业者是否善于把抽象的创意转换成具体的企业。

企业描述包括简介、使命陈述、产品和服务、现状、启动资金、法律地位和所有权、选址等内容。

(1)简介。企业描述从简介开始,对企业名称、概况、创业原因、企业的基本信息,如创建者姓名、企业地址、核心创业者的联系方式等进行简要介绍。

(2)使命陈述。使命是企业存在的最重要的理由,它提供了一个企业存在的目的及其活动范围等方面的信息。一个好的企业使命陈述应该向公司全体员工解释到底干什么的问题。应使用尽可能少的文字对企业使命进行描述。如中国移动通信的使命是"创无限通信世界,做信息社会栋梁",联想电脑公司的使命是"为客户利益而努力创新"。有的公司还用口号或 Logo 来传达目标、树立品牌。

(3)产品和服务。对创业企业产品或服务的独特之处及其市场定位进行简要描述,解释清楚产品或服务的专利性质及对知识产权的保护情况。

(4)现状。最好以重大事件为主线对企业的发展历程进行介绍,企业已经做过或待完成的工作都要提及。如果已经完成对产品或服务的可行性分析,就应该将调查结果进行汇总,指出消费者对产品或服务的反应及其可能性。

(5)启动资金。对创业所需的启动资金情况进行说明,包括需要的资金总额、资金来源及资金大致的使用情况。

(6)法律地位和所有权。对企业选择的法律形式进行描述,并简要说明选择该法律形式的理由,对企业的所有者及所有权分配情况以及是否签署创业协议等问题予以阐述。

(7)选址。说明企业选择的经营地址,对经营地址的选择理由进行说明。

三、产品或服务部分从哪些角度写较好?

产品或服务的描述可以从产业分析、产品分析和市场分析 3 个角度展开。

1. 产业分析

创业者必须对拟进入的行业发展规律进行了解,认清行业发展方向。在创业计划书中,需要对拟进入产业的市场全貌以及关键性影响因素进行分析,准确把握产业基本特征、历史

条件、现实趋势、竞争以及未来发展。具体而言,产业分析需从以下 4 个方面着手:

①产业现状。产业是处于萌芽期还是成熟期? 发展到了何种程度? 总销售额是多少? 总收益如何? 产业内企业的数目和就业人数如何?

②产业的发展趋势。产业未来的走向如何? 产业发展的有利或不利趋势有哪些? 产业未来几年的销售状况如何?

③产业的特征。包括产业结构和参与者的性质,产业的关键比率和主要影响因素等。产业集中度和参与者的性质会影响未来的竞争格局,关键比率和主要影响因素的分析可以帮助投资者了解创业企业中的竞争地位及企业的竞争优势。一般来说,产业中的成功企业多半在产业关键成功因素上都具有优势,并在其中的两三个领域内具有明显优势。

④产业市场上的所有经济主体概况。竞争者、消费者、供应商、销售渠道等。

2.产品分析

应对产品或服务的介绍、市场定位、可行性分析结果、市场壁垒等内容做出详细描述。

产品或服务介绍包括产品或服务的名称、性质、市场竞争力,以及产品研发过程、品牌、专利、市场前景等。

如果产品已经生产出来,最好附上原型介绍和图片;如果产品还在设计中,就要提供相应的设计方案并证明自己的生产能力。

产品或服务定位是根据同类产品或服务的竞争状况,确定自己在市场中的位置。

创业可行性分析将市场调查分析、消费者购买意愿的分析等在这里进行陈述,让读者了解产品或服务的创意以及产品定位策略的形成过程。如果有专利,应该在这里展示出来;如果没有获得专利,应解释将要采取的构建进入壁垒的措施,避免自己的创意被模仿复制;如果短期内无法构建进入壁垒,也要在此做出合理解释,坦言企业可能面临的风险及其应对措施。

3.市场分析

市场分析的重点在于描述企业的目标市场及其顾客、竞争者,以及如何展开竞争和潜在的市场份额等信息。市场分析有助于确定企业的业务性质,其对于销售额的预测直接影响了企业的生产规模、营销计划、雇员状况以及所需资金的数额,一个好的市场分析能够证明公司对目标市场的把握状况。

市场分析包括目标市场选择、竞争对手分析、购买者行为分析和销售额预测等信息。

四、创业计划书如何较好地展示创业团队?

很多投资者及其他阅读者往往会在看了执行概要后直接阅读创业团队部分评估创业者的实力,而且在相互竞争的创业计划书中获胜的,往往是靠好的管理团队而不是好创意或市场计划。

新企业的管理团队一般由独立的创立者或创立者和几个关键的管理人员组成,创业计划书最好能用一种让人容易形成具体形象的方式表现出来。这部分内容包括管理团队的人事安排、所有权及其分配等。

团队可以通过组织结构图的方式来展示。组织机构图是对企业内部权利和义务进行分

配的常用工具。

建立一个顾问委员会,提供每个成员的简要经历,会使新企业脱颖而出;如果能识别适合企业的律师和会计师、投资者、业务顾问、银行家等其他相关人士,提供其简短的个人经历也可以给投资者留下企业正在努力征求与业务有关建议的印象。

五、如何写项目落地方案?

再好的创意只有得到有效落地,才能为顾客创造价值,为创业者带来收益。项目落地方案至少包括企业的研发计划、生产计划和营销计划 3 部分内容:

(1)研发计划。研发计划按照产品理念、产品成型、初步生产向全面生产发展的逻辑路径来撰写。如果只是创意,就应仔细解释产品的原型将如何制造;如果产品或服务已过原型阶段,就需要对其可用性测试进行描述;如果产品已存在,最好能够提供产品照片;还要将企业目前距产品或服务批量生产和销售的时间予以说明。

(2)生产计划。对于制造企业来说,还要编制生产计划。生产计划是企业在计划期应该达到的产品品种、质量、产量和产值等生产任务的计划和对产品生产进度的安排。生产计划制订后,往往还需要依据生产计划安排物料采购计划,同时估算产品或服务的生产成本及生产和采购过程中可能发生的现金支出;企业还可以根据总体战略,消费者需求预测和技术发展状况,对未来的产品与服务规划作出安排。

(3)营销计划。营销计划的重点在于介绍有助于企业销售产品的典型营销职能。撰写这一部分的最好方法就是清楚地说明其总体的营销策略,包括定位策略、差异化点等信息,然后通过定价策略、销售过程和促销组合、渠道策略说明如何支持总体销售策略的开展。

六、财务分析部分包括哪些具体内容?

创业计划书的财务分析包括资源需求分析、融资计划、预计财务报表及投资回报等内容:

(1)资源需求分析。创办企业需要人、财、物等方面的资源,人的资源在管理团队部分进行详尽阐述,财力资源在融资计划部分说明,物质资源包括流动资产(如原材料、库存商品等)和非流动资产(如机器设备、商标权、专利权等)。通过编制主要设备表可以对固定资产支出进行预估,再结合流动资产资金需求的算出物质资源需要的资金数量;如果企业需要购买专利或商标等无形资产,也要在这里估计出需要的资金支出。

(2)融资计划。根据资源需求的分析,结合管理团队的构成及分工,企业应该能够计算出总的资金需求,这时需要编制资金明细表,以对资金的来源和运用情况进行系统分析。

(3)预计财务报表及投资回报。一般来说,创业计划书中本部分的内容最受关注,因为无论什么项目,最终是否投资的决策和该项目能否实现盈利有着直接关系。对于商业创业来说,旨在回收投资、赚取利润。预计财务报表包括预计利润表、预计资产负债表和预计现金流量表等内容,计算并提供有关的投资回报指标可以加大对投资者的吸引力,帮助企业更容易获得资金。

创业聚焦10-3　财务计划的主要内容

(1)关键假设。因为编制的是预计报表,而非企业真实的财务状况,所以需要在编制预计报表之前给出报表的基本假设,如对未来经济形势的判断,对销售变化趋势的分析,预计销售量、单价、销售成本的估算方法,假定的企业信用政策、利润分配方案,固定资产折旧的计提和无形资产摊销方法,存货发出计价方法等。

(2)预计利润表。利润表是反映企业一定时期经营成果的报表,其编制的依据是"收入-费用=利润"。预计利润表中的"收入"来源于营销策略中对销售收入的估计;"销售成本"来源于生产计划中对成本的估算,以及假设的存货发出计价方法;"财务费用"来源于融资计划中负债资金的筹集金额及其利率;"销售费用"来源于营销策划中对于营销费用的估算;管理费用来源于费用预算。在企业实现盈亏平衡之前的预计利润表都应该按月进行编制,实现盈亏平衡之后利润表前两年可以按季度编制,后两年可以按照年度编制。一般来说,需要编制3~5年的预计利润表。

(3)预计资产负债表。资产负债表是反映企业一定日期财务状况的报表,其编制原理是"资产=负债+所有者权益"。资产负债表的数字基本来源于前面的分析和预测。

(4)预计现金流量表。企业不一定因为亏损而破产,却会因现金断流而清算。因此,一定要加强对现金流量的管理。编制预计现金流量表是一个很好的控制现金流量工具。现金流量表是反映企业一定期间现金及其等价物增减变动情况的报表。

(5)投资回报。一般来说,在本部分要求提供企业的盈亏平衡点、投资回收期、投资报酬率、销售利润率、销售净利率、净现值等投资回报指标;作为对于借出资金安全性的判断依据,债权人还希望看到企业资产负债情况的资料,所以,资产负债率等指标也可以一起提供。

主题3　创业计划书的展示

一、如何做好创业计划书的展示准备?

巧妙构思展示的内容、制作专业的展示PPT,可以提高展示者的信心,使展示获得满意的效果。

精心准备和策划安排是使创业计划书精彩展示的基本方法。展示准备和即将展示的内容一样重要。展示准备包括演讲前的准备和演讲过程中的准备两个方面。

在展示自己的创业计划前,首先需要了解听众的相关信息,分析创业计划和这些听众之间是否存在某种联系,或者演讲者本人与这些听众间是否有个人关系。如果创业计划能够和听众的某些活动联系起来,或者演讲者曾经和听众有过同学关系,或者有相同的兴趣爱好,则会让听众更亲切,和演讲者形成融洽的关系,展示工作会达到事半功倍的效果。其次是准备和展示场合相符的服装。再次是按照合理分配的展示时间多加练习。最后,尽可能多地了解展示场地的信息。

二、如何做好创业计划书的展示?

首先,展示过程就是决定由谁负责展示,一般的创业计划大赛都会要求所有创业团队成员参加展示,但是并不要求所有成员都进行陈述,因此选择合适的人员进行陈述是成功的关键因素之一。

其次,展示过程中的核心元素是展示的人,而不是展示的幻灯片,展示的幻灯片一定要做得简明扼要,只提供展示的总体框架以及强调发言内容的重点,展示者一定要将听众的目光吸引在自己身上。

最后,想方设法使展示生动有趣、充满激情。麻省理工学院的一项权威调查表明,沟通涉及三个方面:视觉(身体语言)占 55%,声音(语音语调)占 35%,口头表达(用语用词)占 7%。因此,在展示的进程中,通过向观众提问或有意停顿,或提高音量,或使用丰富的表情感染鼓舞观众,吸引观众注意力,多和观众沟通等都是不错的展示技巧。

展示的重点一定要放在观众而不是演讲者感兴趣的地方;展示的 PPT 应尽可能简单,一些专家给出了 6-6-6 法则,即每行不超过 6 个词语,每页不超过 6 行,连续 6 张纯文字的 PPT 之后需要一个视觉停顿(采用带图表的 PPT)等;一场二三十分钟的演讲最多不超过 12 张 PPT。

创业聚焦 10-4　12 张 PPT 的展示模板

下面是一个推荐的展示 PPT 模板,共计 12 张 PPT。

展示的 PPT 往往从标题幻灯片开始。该张 PPT 包括企业的名称/标志,创始人姓名和联系方式。

第一张 PPT:概述。对产品或服务进行简要介绍,对演讲要点作简介,对该项商业活动带来的潜在收益(经济效益、社会效益)等进行简单说明。

第二张 PPT:问题。说明急需解决的问题(问题在哪? 为什么会出现该问题? 如何解决该问题?);通过调查证实的问题(潜在顾客的需求是什么? 专家有哪些建议?);问题的严重性如何。

第三张 PPT:解决办法。说明企业的解决办法与其他解决方案相比的独特之处;展示本企业的解决方案在多大程度上可以改变顾客的生活,以及企业的解决方案有什么进入壁垒。

第四张 PPT:机会和目标市场。要清楚定位企业具体的目标市场,对目标市场的广阔前景进行展望,通过图表的方式展示目标市场的规模、预期销售额和预期市场份额等信息,说明拟采取什么方法实现销售计划。

第五张 PPT:技术。介绍技术或者产品或服务的独特之处,尽可能使对技术的描述通俗易懂,切忌使用专业术语进行陈述;展示产品的图片、相关描述或者样品,如果产品已经试生产结束,则最好展示样品;说明可能涉及的知识产权问题,以及企业采用的保护措施。

第六张 PPT:竞争。详细阐述直接、间接和未来的竞争者,展示创业计划书中的竞争格局,说明和竞争对手相比的竞争优势。

第七张 PPT:市场和销售。描述总体的市场计划、定价策略、销售过程以及销售渠道。

说明消费者的购买动机,企业激起消费者欲望的方式方法,以及产品或服务如何到达最终的消费者手中。

第八张PPT:管理团队。介绍现有管理团队(团队成员的背景和专长,以及在企业中将发挥的作用,如何进行团队合作等),说明管理团队存在的缺陷和不足,如果有顾问委员会最好予以介绍。

第九张PPT:财务规划。介绍未来3~5年企业总体的盈利状况、财务状况和现金流状况的预测,尽量将规划中的内容显示在一张PPT上,而且只显示总体数据,同时做好回答和数据相关问题的心理准备。

第十张PPT:现状。用数据突出已经取得的重大进展,介绍启动资金的来源、构成和使用情况;介绍现有的所有权结构,介绍企业采用的法律形式及其原因。

第十一张PPT:财务要求。如果有融资计划,介绍想要的融资渠道及筹资的使用方式,同时介绍资金筹集后可能取得的重大进展。

第十二张PPT:总结。总结企业最大的优势、团队最大的优势,同时介绍企业的退出策略,并征求反馈意见。

思考与练习

1. 分组制订一份格式正确、材料完整、思路清晰的创业计划书,并做好PPT,选择代表在课堂上进行路演5~10分钟。

2. 在网上寻找或老师准备的创业计划书,分析评估其内容和结构,并指出其优缺点。

3. 某高校进行封闭管理,外卖禁止进入校园,只能送到校门口,学生只能隔着校门取外卖。一个学生于是组织了六七位同学,负责将外卖送到宿舍,美其名曰"完成外卖最后一米"。请为该项目制作一份项目计划书,说服学校和同学支持该项目。

参考文献 *reference*

[1] 埃里克·莱斯. 精益创业:新创企业的成长思维[M]. 吴彤,译. 北京:中信出版社,2012.

[2] 彼得·德鲁克. 创新与企业家精神[M]. 蔡文燕,译. 北京:机械工业出版社,2007.

[3] 蔡剑,吴戈,王陈慧子. 创业基础与创新实践[M]. 北京:北京大学出版社,2015.

[4] 陈劲. 国家创新蓝皮书:中国创新发展报告(2016)[M]. 北京:社会科学文献出版社,2017.

[5] 陈劲,郑刚. 创新管理:赢得持续竞争优势[M]. 3版. 北京:北京大学出版社,2016.

[6] 陈劲,郑刚. 创新管理[M]. 北京:北京大学出版社,2021.

[7] 陈劲,宋保华. 首席创新官手册:如何成为卓越的创新领导者[M]. 北京:机械工业出版社,2017.

[8] 邓学军,夏宏胜. 创业机会理论研究综述[J]. 管理现代化,2005(3):14-16.

[9] 杜喜亮. 创业理论及能力训练[M]. 济南:山东人民出版社,2015.

[10] 唐纳德·F.库拉特科. 创业学[M]. 9版. 薛红志,李静,译. 北京:中国人民大学出版社,2014.

[11] 阿特拜克. 把握创新[M]. 高建,李明,译. 北京:清华大学出版社,1999.

[12] E.O.威尔逊. 论人的天性[M]. 林和生,吴福临,王作虹,等译. 贵阳:贵州人民出版社,1987.

[13] 龚焱. 精益创业方法论[M]. 北京:机械工业出版社,2015.

[14] 贺尊. 创业学概论[M]. 2版. 北京:中国人民大学出版社,2015.

[15] 侯光明,李存金,王俊鹏. 十六种典型创新方法[M]. 北京:北京理工大学出版社,2015.

[16] 滑云龙,殷焕举. 创新学[M]. 北京:中国农业大学出版社,2006.

[17] 何建湘. 创业者实战手册[M]. 北京:中国人民大学出版社,2016.

[18] 何伟. 创新与创业基础[M]. 北京:国家行政学院出版社,2018.

[19] 杰克·M.卡普兰,安东尼·C.沃伦. 创业学[M]. 2版. 冯建民,译. 北京:中国人民大学出版社,2009.

[20] 克莱顿·克里斯坦森,迈克尔·雷纳. 创新者的解答[M]. 李瑜偲,林伟,郑欢,译. 北京:中信出版社,2013.

[21] 克利斯·弗里曼,罗克·苏特. 工业创新经济学[M]. 华宏勋,华宏慈,等译. 北京:北京大学出版社,2004.

[22] 库洛特克,霍志茨. 创业学:理论、流程与实践[M]. 6版. 北京:清华大学出版社,2004.

[23] 刘志阳. 创业画布:创业者需要跨越的12个陷阱[M]. 北京:机械工业出版社,2018.

[24] 刘训涛,曹贺,陈国晶.TRIZ 理论及其应用[M].北京:北京大学出版社,2011.

[25] 李海军,丁雪燕.经典 TRIZ 通俗读本[M].北京:中国科学技术出版社,2009.

[26] 李家华,谢强.创业基础:教学手册[M].北京:北京师范大学出版社,2014.

[27] 李时椿,常建坤.创业学:理论、过程与实务[M].北京:中国人民大学出版社,2011.

[28] 李士,甘华鸣.创新能力训练和测验[M].合肥:中国科学技术大学出版社,2008.

[29] 刘训涛,曹贺,陈国晶.TRIZ 理论及应用[M].北京:北京大学出版社,2011.

[30] 迈克尔·G.卢克斯,K.斯科特·斯旺,阿比·格里芬.设计思维:PDMA 新产品开发精髓及实践[M].马新馨,译.北京:电子工业出版社,2018.

[31] 郁义鸿,等.创业学[M].上海:复旦大学出版社,2000.

[32] 托马斯·沃格尔.创新思维法:打破思维定式,生成有效创意[M].陶尚芸,译.北京:电子工业出版社,2016.

[33] 王竹立.你没听过的创新思维课[M].北京:电子工业出版社,2015.

[34] 孙永伟,伊克万科.打开创新之门的金钥匙 I[M].北京:科学出版社,2015.

[35] 许庆瑞.研究、发展与技术创新管理[M].2 版.北京:高等教育出版社,2010.

[36] 肖明.大学生创新思维训练[M].上海:立信会计出版社,2017.

[37] 杨德林,王玲.创意开发教程[M].北京:经济科学出版社,2018.

[38] 张玉利.创业研究经典文献述评[M].天津:南开大学出版社,2010.

[39] 张玉利.创业管理[M].4 版.北京:机械工业出版社,2016.

[40] 周苏.创新思维与 TRIZ 创新方法[M].北京:清华大学出版社,2015.

[41] 周苏,等.创新思维与方法[M].北京:中国铁道出版社,2016.

[42] 张子睿.创造创新理论与实践[M].北京:光明日报出版社,2015.

[43] 祝海波.创新创业基础教程[M].南京:江苏凤凰美术出版社,2019.

[44] 李文胜,卢海萍.创业基础[M].西安:西北工业大学出版社,2018.